价值投资的秘密

小投资者战胜基金经理的长线方法

THE BIG SECRET
FOR THE SMALL INVESTOR

A New Route to Long-Term Investment Success

[美] 乔尔·格林布拉特 著　朱振坤 译
（Joel Greenblatt）

图书在版编目（CIP）数据

价值投资的秘密：小投资者战胜基金经理的长线方法 /（美）乔尔·格林布拉特（Joel Greenblatt）著；朱振坤译 . —北京：机械工业出版社，2018.10（2025.6 重印）
（华章经典·金融投资）
书名原文：The Big Secret for the Small Investor: A New Route to Long-Term Investment Success

ISBN 978-7-111-60980-3

I. 价⋯   II. ①乔⋯   ②朱⋯   III. 投资 – 基本知识   IV.F830.59

中国版本图书馆 CIP 数据核字（2018）第 219036 号

北京市版权局著作权合同登记　图字：01-2018-1079 号。

Joel Greenblatt. The Big Secret for the Small Investor: A New Route to Long-Term Investment Success.

Copyright © 2011 Random House Press.

Simplified Chinese Translation Copyright © 2018 by China Machine Press.

Simplified Chinese translation rights arranged with Random House Press through Bardon-Chinese Media Agency. This edition is authorized for sale in the Chinese mainland (excluding Hong Kong SAR, Macao SAR and Taiwan).

No part of this book may be reproduced or transmitted in any form or by any means, electronic or mechanical, including photocopying, recording or any information storage and retrieval system, without permission, in writing, from the publisher.

All rights reserved.

本书中文简体字版由 Random House Press 通过 Bardon-Chinese Media Agency 授权机械工业出版社在中国大陆地区（不包括香港、澳门特别行政区及台湾地区）独家出版发行。未经出版者书面许可，不得以任何方式抄袭、复制或节录本书中的任何部分。

价值投资的秘密：小投资者战胜基金经理的长线方法

出版发行：机械工业出版社（北京市西城区百万庄大街 22 号　邮政编码：100037）
责任编辑：宋　燕
责任校对：殷　虹
印　　刷：北京盛通数码印刷有限公司
版　　次：2025 年 6 月第 1 版第 8 次印刷
开　　本：147mm×210mm　1/32
印　　张：5.25
书　　号：ISBN 978-7-111-60980-3
定　　价：59.00 元

客服电话：（010）88361066　88379833　68326294

版权所有·侵权必究
封底无防伪标均为盗版

献给我美丽的妻子和五个优秀的孩子

目录

THE BIG SECRET FOR THE
SMALL INVESTOR

推荐序一

推荐序二

译者序

前言

|第1章| **你能击败市场吗** 1

|第2章| **成功投资的秘密** 6

|第3章| **估值并不容易** 20

|第4章| **应对估值的挑战** 30

|第5章| **选择有优势的领域投资** 42

|第6章| **基金投资的挑战** 56

| 第 7 章 | **比指数基金更好的选择** 78

| 第 8 章 | **击败市场的指数** 100

| 第 9 章 | **坚持长期正确的投资** 117

| 附　录 |　134

| 致　谢 |　140

推荐序一

THE BIG SECRET FOR THE SMALL INVESTOR

投资的秘密有时很简单

多年前，我就知道乔尔·格林布拉特写有三本书。这三本书中，《股市天才》和《股市稳赚》早已翻译成中文出版了，但他的另一本《价值投资的秘密》却迟迟没有人翻译。前不久，朱振坤先生告诉我，他正在翻译这本书，随后又寄来了中文版样稿，译文简洁明了，行文流畅，对此我欣喜无比。

实际上，格林布拉特的前两本书都是写给个人投资者的，但他觉得最初的愿望似乎都"没有做到"。格林布拉特意识到，《股市天才》虽然提出了"滚雪球"的概念，最终却让基金经理受益。《股市稳赚》虽然给出了具体方法——神奇公式，但大部分个人投资者无法做到"自力更生"。所以，格林布拉特觉得很有必要再出这本《价值投资的秘密》，希望给个人投资者提供一个"极好的答案"。因此这本书就有了一个副标题："小投资者战胜基金经理的长线方法"，这就明确地告诉我们，这本书的阅读对象是小投资者。这本书活泼风趣，通俗易懂，值得一读。

在格林布拉特的眼中，小投资者存在明显的劣势。比如，不知道如何分析和选择公司股票，不知道如何构建一个股票组合，不知道何时买入和卖出，不知道一开始应该投入多少资金等。即使是专业投资者也好不到哪里去，随着时间的推移，大部分专业投资者的业绩都低于市场指数。因此，格林布拉特就在这本书中重点解决三个问题：理解企业的价值从何而来；市场如何运作；华尔街的真实情况。如果能弄清楚这些问题，就有可能让小投资者得到更好的投资选择。

成功投资的秘密是估算某些东西的价值，然后支付更少的钱买下来。一家公司的价值显然不是通过一星期或一个月发生的事情来决定的，而是公司在其整个生命周期中能赚多少决定的。但是如何估算"某些东西"的价值，却不是一件容易的事。相对估值、并购估值、清算估值以及分类加总估值等，没有一种方法容易使用，所有的方法都存在不同程度的难度。如果无法给一家公司估值，就很难进行明智的投资。

对于这样的难题，格林布拉特的解决办法是，避开竞争过于激烈的行业，避开难以估值的公司，略过这样的公司，寻找一些容易估值的公司，选出少数能够理解其业务模式、行业前景和未来盈利相对明晰且稳定的公司进行研究，确保投资收益率超过我们能从国债中获得的每年6%的无风险收益率。在估值时，可以采用包括相对估值、并购估值等其他估值方法。所选择的标的是不引人注目的地方，买进投资大鳄们完全不投资的小市值股票。对于这样的公司，必须很有信心地预测其未来盈利、增长率和产业趋势。

当然，要实施格林布拉特的这些方法并不容易。那么，就直接投资指数型基金。这一点也刚好是巴菲特对个人投资者的经常性建议。巴菲特一直宣称：投资一个被动的标普500指数基金，长期来看会比绝大部分专业投资者获得更好的收益。为了证明这一观点,巴菲特在2007年12月19日订下了一个十年赌约。在巴菲特提出赌约之后,对冲基金纽约门徒伙伴公司的联合经理人泰德·西德斯出来应战。十年过去了,最终的结果是巴菲特投资的标普500指数完胜了纽约门徒伙伴公司投资的主动型对冲基金。主动型对冲基金完败,其主要原因有二:一是其收费高,二是其运营自由度受限。这也印证了格林布拉特在书中的观点。

格林布拉特认为,从行为金融学的角度来看,我们实际上都是天生的糟糕的投资者。百万年的进化使得人们善于以原始的直觉快速地做出决策,因此才有当其他人在买入时买在高点,而当其他人卖出时卖在低点的现象。这实际上是一种试图生存的策略,但在投资领域中结果却很糟糕。短期内,价值投资的策略并非都是有效的。因为在大多数情形下,股票价格反映的几乎都是短期的情绪,很少能够反映出公司的价值。应对这样的原始情绪和直觉,格林布拉特认为,只要什么都不做即可。这也是解决问题的一个根本办法。

正是因为价值投资时而无效、时而有效,这才使得它变得有效。其有效的原因在于，买入大部分人不想买入的公司。当然，持有这样的公司业绩好转可能需要花费几年的时间，但随着时间的推移，那些能够保持长期投资观念的投资者的优势只会越来越大。问题在于，因为几年时间实在太长了，许多人无法等待，这就使得价值投资变得十分困难。对于这样的问题，格林布拉特在书中结束时引用本杰明·格雷厄姆在1976年的访谈：关键是要有正确的原则和坚持在其中的品质，尝试买入根据简单的标准判断价值被低估的一种股票，是一种实用又简单的方法，却可以用最少的工作量从普通股的投资中获得很好的回报。这也是投资中的一个秘密。如果要全面了解价值投资的秘密，最好还是读一读这本书。

姚斌

新浪和雪球财经专栏作者

独立投资人

推荐序二

THE BIG SECRET FOR THE
SMALL INVESTOR

不理性的社会，是理性的你一生的机会

许多人都希望投资是一件简单的事情。事实上，投资绝不可能简单。理由很简单，投资在执行过程中，是劳动投入非常少的工作，在现在这个信息时代，基本上只要点点鼠标或者打打电话就能完成。如果这件事简单了，那么人们还愿意做其他工作吗？我们这个主要依靠金钱和市场驱动的社会，又如何说服人们起早贪黑地去工作？

但是，投资又是一件简单的事情。从本质上来讲，投资所追求的核心就是超额收益。说白了，就是你做的比市场好。那么你凭什么能做的比市场好呢？很简单，你比市场、比其他绝大多数人更加有智慧。由于市场是一个巨大的、难以在短期改变的整体，因此尽管这种智慧很难获得，但是一旦获得，你就能持续地从这个市场里获得超额收益。那么，面对这样一件不简单的事情，如何简单地做到？答案只有一个，你得有智慧。而获得智慧最好的方法，就是读书。

管仲有云："一年之计，莫于树谷。十年之计，莫于树木。终身之计，莫于树人。"从人类历史来看，终极产出最高的投资永远是在教育上，对国家如此，对个人也是如此。所以，我一直有一个理论，一个人如果在看书上省时间、在买书上省钱、在藏书上省地方，这个人这辈子恐怕也就这样了。

在过去的很多年里，乔尔·格林布拉特一直致力于撰写普通投资者能看懂的小书，这本小书也不例外。对于一位在日常工作中与数十亿美元打交道的专业投资者，乔尔的这种做法尤其难能可贵。华尔街有一句老话，"不要和散户打交道"，就是因为散户钱少、知识储备水平又低，因此对于专业人员来说，往往有吃力不讨好的感觉。但是乔尔却能跳出这种以利益为导向的主流思想，心心念念地写简单、平实又有效的小书，意图给广大投资者带来能够接受的智慧，实在让人钦佩。

当然，如果投资者期望看一本小书就能完全洞悉投资的奥秘，那是不现实的。一则投资的智慧浩瀚无边，我自参加工作至今十几年，平均每天必须看至少半本书那么厚的资料，到现在仍然感觉学无止境。另一方面，正所谓"学我者生，似我者死"，乔尔给出的理论是基于美国市场的客观现实，其中许多细节与中国市场并不一致。因此，投资者需要学习的是书中的智慧核心，而不是拿到一本小书就生搬硬套、拘泥于外在表象。

正如"幸福的家庭都是相似的，不幸福的家庭往往各有不同"，幸福的投资其实也往往是相似的。总结起来，价值投资就是一句话，买得既好又便宜。问题在于，什么是好？什么是便宜？这里面的学问就博大精深、浩如烟海了。"道生一，一生二，二生三，三生万物。"一二三都很好理解，突然之间万物勃发，就会让许多人不知所措。

说到底，不幸福的家庭，通常都是因为互相不照顾、不包容对方导致的。不幸福的投资，通常都是情绪化太强、理性太弱、智慧太少导致的。而这种非理性的行为，其实并不只是出现在投资中。

在我们的社会生活中，不理性的行为到处都是。君不见，有些官员贪污腐败，最后身败名裂；有些企业主违法经营，搞得事业衰败；有些白领通宵达旦地工作，结果赔上了健康的身体；有些学生全身心地扑在学习上，结果失去了生活的本质。当你看着我们这个社会层出不穷的各种小问题时，当你看到人们在路上闯红灯、在车站不排队时，你就会知道，现在的人类社会与全然理性的社会，还差得很远、很远。

一个不理性的社会，是不会培养出大批理性的投资者群体的。而他们的不理性，就是理性的你一生的机会。愿这本小书，能给你带来更多的理性。

陈嘉禾

信达证券首席策略分析师、研究开发中心执行总监

中国国际电视台财经评论员

《证券时报》专栏作者

译者序

最开始了解格林布拉特是2012年，好友林松立推荐了一本哥伦比亚大学商学院的价值投资讲义，内容是一位旁听者记录的2002～2006年格林布拉特在哥伦比亚大学商学院课程的笔记。其课程内容既丰富又深入浅出，读了之后甚为佩服。后来国内先后引进出版了他写的《股市天才》（*You Can Be a Stock Market Genius*）和《股市稳赚》(*The Little Book That Beats the Market*) 两本书，广受好评。但这本《价值投资的秘密》（*The Big Secret for the Small Investor*）一直迟迟没有引入国内。阅读过英文版之后，我将其推荐给机械工业出版社华章公司。他们非常热心负责，积极联系国外出版商引进了本书的版权。于是我自告奋勇承担了翻译工作，如有不足之处，欢迎读者批评指正。

格林布拉特写过三本书，他的初衷都是想给个人投资者提供一些投资建议。他在本书中提到《股市天才》一书讲解如何通过特殊事件投资套利，因为过于复杂，只帮助了一些对冲基金经理。《股市稳赚》介绍了选股的神奇公式，虽然广受好评，但是大部分个人投资者没有时间和精力去筛选与更新持仓。相比前两本著作，本书的投资策略更简单。简单来说就是：投资股票的最优选择是价值投资；如果不想自己去挑选股票，应该投资于指数基金，而不要委托给共同基金；并且价值加权的指数基金优于市值加权的指数基金。这个策略很简单，但要讲清楚其中的道理，却不容易。

格林布拉特从一个开糖果店的例子开始，通俗易懂地解释了投资中遇到的各种问题。企业的价值来自哪里，评估这些价值的方法有哪些，这些方法有哪些困难和局限，为什么小市值公司和特殊事件中的投资机会更多，为什么共同基金很难战胜指数，为什么选择优胜的基金经理非常困难，等等。实际上，这些问题无论是个人投资者还是专业投资者在投资过程中都无法回避。

作者从价值投资的角度解释了应该怎么解决这些投资问题。比如，要将股票视为公司的所有权，而非交易的筹码。像书中所说经营糖果店的例子一样，如果你将投资股票看作经营企业，那么投资的收益自然是来自公司经营的成功，而非股价的波动。从这个角度看投资，你就不会预期过高的收益率，也能够容忍公司短期遇到的挫折或某一季度的业绩不如意。作者说，不要在高尔夫球场上和泰格·伍兹比赛；没人强迫你投资，要选择自己能够理解的擅长的领域投资。由于估值存在一定困难，所以要选择容易估值的公司，放弃那些搞不懂的公司。只有集中投资少数你能够理解的公司，而不是泛泛选择二三十只股票，才能获得更高的回报率。如果投资策略有效，那么时间越长，策略就会越有效，因为市场终究会认同公司的价值。

格林布拉特的理念与巴菲特常说的"能力圈""安全边际""市场先生""护城河"等价值投资思想是完全一致的。事实上，他深受巴菲特的影响，他曾说过自己从伯克希尔－哈撒韦公司网站上下载了所有巴菲特写给股东的信，并用谷歌桌面搜索进行管理。当然，价值投资者的思想都有相通之处，巴菲特"滚雪球"的概念来自他写的《股市天才》一书。

虽然作者认为价值投资是最佳选择，但他也直言不讳地指出了价值投资的难处。预测企业的盈利十分困难，能够深入理解的公司是很少的，大部分个人投资者缺少投资所需的能力。价值投资并不像听上去那么简单，所以不会适合每一个投资者，甚至不适合大部分投资者。

投资的核心就是，搞清楚股票的价值然后用更低的价格买入，但要做到这点非常困难。因为你找不到这样一家公司，它有很宽的护城河、高的投资回报率、低负债、管理层正直能干，并且股价还非常便宜。著名投资人理查德·普泽纳（Richard Pzena）说，你永远也找不到没有理由的便宜股票。能够找到的都是一些"问题"公司，当"问题"出现后，这些股票出现了难得的买入机会，但敢于逆势买入的人却很少。如格林布拉特所写，大部分人都只是普通人，做与众不同的事和我们与生俱来的动物精神不符。

那么将资产委托给共同基金管理呢？格林布拉特不惜得罪同行，仍然不建议读者这样做。共同基金作为一门生意，盈利主要取决于做大基金产品的规模，但投资规模限制了他们可利用的机会。为了避免损失和降低产品的波动性，共同基金常常分散持有过多的股票，而不是集中在少数熟悉的能够准确估值的机会上。因为评价业绩的标准是市场指数，并且考核周期短暂，所以基金经理往往不愿意承担偏离指数很多的风险。因为受到资金规模的限制，仓位多样化的限制，业绩评价的短期化，并且还要扣除高额的管理费，共同基金的业绩很难战胜指数。所以格林布拉特说，事实上大部分共同基金将击败市场指数的最好机会拒之门外。

选择业绩良好的基金经理会不会好一些呢？个人投资者和机构投资者选择基金的标准主要是依据近期的投资业绩。基金经理业绩不好的时候很难被发现，业绩优秀的时候再投资，又常常太晚了。

巴菲特的赌局可以清楚地说明为什么要选择指数基金。2007年，巴菲特以50万美元作为赌注，打赌任何对冲基金10年的收益都不会超过标普500指数的收益。很长时间都无人应战，其后有一位对冲基金经理做出回应，并选择了5个优质的对冲基金应战，这个著名的赌局到2017年以悬殊的结果落定，标普500指数完胜。巴菲特说："我经常推荐低成本的标普500指数基金,但是几乎没有一个富有的投资者基金经理、养老基金真正遵循了我的建议,他们礼貌地感谢我。但是转头就被收取高管理费的基金经理说服,从而选择另外一种投资方式。"

在本书中,格林布拉特进一步优化了巴菲特的建议。因为常见的指数都是用股票市值加权的指数,其缺点是容易系统性地高配被高估的股票,低配被低估的股票(详见书中第7章)。而通过企业规模、账面资产、现金流、净利润、分红等基本面指标加权的指数就不会犯类似的错误。而基于盈利回报率和资本回报率构建的"又便宜又好"的价值加权指数能够获得更好的收益。价值加权指数的方法简化了他在《股市稳赚》一书中提到的"神奇公式"的投资方法。

价值加权指数的投资方法不但得到许多科学研究的证实,加州养老基金、诺贝尔基金、日本养老基金等著名机构投资者也成为此策略的重要机构客户。国内目前也有少量的价值加权基金,本书末提到的锐联资产(Research Affiliates)也和国内的基金公司联合发行了几只这类的基金。感兴趣的读者可以自行查找一下。

格林布拉特的投资思想完全来自他的投资实践。他在1985年创立了哥谭资本（Gotham Capital），最初管理的资金规模较小，他广泛采用价值投资方法和特殊事件套利策略，获得了骄人的业绩，到2005年为止的前20年复合收益率高达40%。随着规模的扩大，他越来越关注指数化的投资方法。现在哥谭资本采用了与最初完全不同的投资方法。目前的策略是通过一套系统的估值方法筛选标的，做多估值偏低的股票，做空被高估的股票，构建一个由多头和空头构成的指数增强组合，并根据被高估／低估的程度、多样性和风险，决定多空比例以及个股持仓的比例。这其实是本书所写的投资价值加权指数策略的复杂版。

本书作为一本价值投资的入门书，不但任何人都能看得懂，还提供了一种可以实践的投资方法。在不用研究个股的情况下，投资者可以用一种简单的方法进行价值投资。

查理·芒格说，如果人的一生仅仅是买了几只股票而发财致富，那是失败的人生。格林布拉特的看法与他类似。在哥伦比亚大学的课堂上，格林布拉特说，他不认为挑选股票挑得好，对社会有多大贡献。虽然有人认为投资带来了流动性，可以优化资本的分配，但实际上市场还是老样子，还是经常会狂热和无效。长期来看价值投资者也许有些作用，但市场缺少谁也无所谓。

然后他提出一个问题，如果做投资这件事没有多大贡献，那他为什么要教学生做投资呢？（那么，他写这本书和我翻译这本书不也是没有意义吗？）他建议学生不要为了钱去做投资，除非自己真心喜欢做投资，并且他让学生们保证，如果投资做得成功，要做些有意义的事。投资是为了赚钱，而人生不是。我想这也是他花费很多时间，先后写了三本书教普通人如何投资的目的吧。

很高兴能够将这本书翻译成中文介绍给国内的读者。虽然翻译过程花费了大量的业余时间，但作为一个从格林布拉特那里学到许多投资知识的人，这也算是做了一件有意义的事。

朱振坤

2018年1月29日

前言

THE BIG SECRET FOR THE SMALL INVESTOR

说到投资股市，投资者有以下很多选择。

1. 他们可以自己投资。有数十亿美元是这么做的。(当然，这样做唯一的问题是大多数人不知道如何分析和选择个股。等等，刚刚我说是"唯一"的问题？我真正的意思是大部分投资者不知道如何构建一个股票组合，不知道何时买入和卖出，不知道一开始应该在股市中投入多少资金。好的，这样说就清楚多了。)

2. 他们可以将资金交给专业人士帮助他们投资。有数十亿美元就是这样投资的。(因为收取管理费用和机构投资者的缺陷的影响，在大部分情况下，这些投资并没有获得附加值。事实上，随着时间的推移，大部分专业的投资者业绩都低于市场指数。哦,我几乎忘了——挑选优秀的基金经理比挑选优秀的个股更加困难。)

3. 他们可以投资传统的指数基金。数十亿美元也是这样投资的。(这是跟上主要市场指数的一个好方法,支付很低的费用,能击败大部分专业的投资者。然而,这种投资方法也有严重的缺陷——随着时间的推移,投资收益几乎一定会低于平均的投资回报水平。)

4. 他们可以读一读本书,然后采用其他投资方法。很少有人用这种方式投资(目前还很少……)

多年以来,有很多个人投资者问过我,他们应该如何将积蓄投资到股市中。毕竟,我长期担任商学院的教授和基金管理人,他们觉得我应该知道怎么做。许多年过去了,我还是没有一个很好的答案。如你所见,华尔街对小型投资者并不友好。同时,个人投资的确有许多选择,因为这个或者那个原因(经常是这个和那个原因),大部分选择并不够好。然而,在本书中,对于这个重要的问题我最终想出了一个很好的答案。这个答案对于大小投资者应该都十分有效。

其次,这是我写的第三本。第一本是《股市天才》,(好啦，大家都已经知道啦），这本书原本也打算帮助个人投资者，但它没有做到。它假定投资者具备大量专业的投资知识，并且有大量空闲时间。（事实上，它最终帮助了几十个对冲基金的基金经理，但是……）我的第二本书《股市稳赚》给出了具体投资方法，让个人投资者可以"自力更生"。我仍然非常坚信这种方法，仍然很喜欢那本书，但我又一次不得要领。事实证明，大部分人不想自力更生。是的，他们想理解书中的思想，但他们仍然想让其他人帮忙投资。

所以，也许第三次真的是有魔力的。本书应该能给许多投资者一个极好的答案。对于如何更好地投资股市，我不认为大部分个人投资者甚至机构投资者认真思考过这个问题的解决方案。我真诚地认为他们应该考虑一下。无论如何，我认为不管是初学者还是经验丰富的投资者都会从这个讨论中受益。祝你好运！

| 第 1 章 |

你能击败市场吗

**THE BIG SECRET FOR THE
SMALL INVESTOR**

当我回忆起20世纪70年代后期在商学院读书的经历，关于股票投资我们学会一件重要的事情。简单来说就是：那里有那么多聪明人，你不可能比他们更聪明。换句话说，数以千计聪明的、知识丰富的人，整天在买入和卖出股票，最终股价反映的是所有这些聪明人的集体判断。如果某只股票股价过高，这些聪明人将会出售，直到股价下跌，达到合理的水平。如果某只股票股价太低，聪明人将会入场买入，直到股价上升到合理水平。整个过程发生得非常快，我们被教导说，股价一般情况下会准确反映当前可获得的信息。如果股价的确是准确的，那么尝试去"击败市场"是没有用的。换句话说，按照我的教授的说法，能找到便宜股票的唯一方法是依靠运气。

当然，我没有听讲（不幸的是，这并没有让我与其他大部分同学有什么差别）。但是十几年光阴飞逝之后，现在我担任了教授。每年我在一家顶级的常青藤大学商学院讲授投资课程㊀。毫无疑问，学生们非常聪明，有才华，并且专心致志。总而言之，他们是最优秀和最聪明的人。但是过去14年中的每一年，在第一天上课时我都会走进课堂，对学生们说一些似曾相识和令人不安的话。我告诉他们："你的大部分同事和前辈都会在全国各大商学院中学习投资，之后进入真实的投资世界中，尝试去'击败市场'。但几乎所有人都只做到一件事——失败！"

怎么会这样呢？在决定谁能成为成功投资者时，如果聪明的头脑和敬业的精神不是决定因素，那么其决定因素又是什么呢？如果常青藤商学院的教育不能决定投资的成功，那么应该做些什么呢？我们是否转了一大圈，又回到了最初开始的地方？在几十年投资经历和学习之后，我作为商学院教授究竟是否合格？难道击败市场唯

㊀ 格林布拉特在哥伦比亚大学商学院讲授投资课程。——译者注

一的方法真的是运气吗？

当然，不完全是。我仍然很高兴自己当年没有听从教授的话。投资者能够击败市场。只是成为一个成功的投资者，与成为最优秀和最聪明的人并没有多大关系，与是否在顶级的商学院学习也没有多大关系（当然，如果有人很愚钝没有获得学位，对此也没有什么帮助）。投资成功与知道那些每天充斥在身边的经济和商业新闻也没有任何关系。投资成功的方法也不能从电视、报纸和投资书籍提供的数百位专家观点中找到。与听上去的不同，击败市场的秘密只需要学习几个任何人都能掌握的简单概念就可以获得。这些简单概念能够起到路线图的作用，提供帮助克服噪声、混乱和迷路的一种方法。只是大部分聪明的MBA、专业投资人和业余投资者并没有这样的路线图。

事实很有说服力。如果聪明或者拥有学位就足够了，那将会有成千上万的个人投资者和专业投资者拥有长期投资成功的业绩。但是并没有。答案似乎很清楚，一定是什么地方搞错啦。

但是这给我们提出另外一个问题。如果答案真的像我说的那样简单，差不多任何人都能尝试着击败市场。怎么会这样呢？如果这很简单的话，为什么没有成千上万名成功的投资者呢？如果是这样，那么这些投资秘密一开始就不会有用。

当然，事实上投资秘密是很有用的。成为成功的股票投资者很简单。大部分人都能做到。只是大部分人不那样做。理解为什么他们不想那样做（或者不那样做）是成为成功投资者关键的第一步。一旦我们明白为什么大部分人失败了，我们就能完全接受和领悟这个简单的解决方案。

但是理解是需要代价的。我们需要从头开始，一步一步构建我们的框架。理解企业的价值从何而来，市场如何运作，华尔街的真实情况，这些将会让我们得到一些重要的结论，也会让小型投资者（甚至是不那么小的投资者）得到更好的投资选择。

我在上课的第一天告诉学生的话仍然是对的。大部分个人投资者、MBA和专业投资者，他们试图击败市场但做不到，但是你可以。让我们看看为什么。

| 第 2 章 |

成功投资的秘密

THE BIG SECRET FOR THE
SMALL INVESTOR

我曾有过倒霉的一周。一切都一团糟：我从法学院退学（我的父母不会太高兴，这很容易理解）；和我的女朋友分手了（好吧，是她甩的我，但我也不认为这是好事）；将钥匙落在车里了两次（一次是在油门锁孔中，而发动机还在运行；另一次是落在后备厢中，是晚上 11 点洋基队在布朗克斯区比赛之后。你也许知道，虽然每一个锁匠都说是 24 小时锁匠，但没有一个是真的工作 24 小时）；最后是通过收费站的时候没有带钱（承受了很多白眼，因为关塔那摩当时还没有接收囚犯，所以他们让我之后邮寄通行费过去，而邮费远超过通行费）。

幸运的是，生活真实的价值不会被一个糟糕的星期或者一系列糟糕的月份所代表，而是我们在过去这些年中所做的所有事情和获得的成绩之和。我之所以提到这些事情却没有重温我年轻时的光辉岁月,是因为想学习如何成为好的投资者,你必须很好地理解"价值"的概念——价值是什么,它从哪里来。这非常重要,因为成功投资的秘密非常简单:首先估算某些投资品的价值,然后付更少的钱买下来。我重复一遍:**成功投资的秘密是估算某些东西的价值,然后付更少的钱买下来。**

本杰明·格雷厄姆是公认的"证券分析之父",他管这个私密叫"有安全边际的投资"。在当前价格和测算价值之间的空间越大,我们的安全边际就越大。格雷厄姆认为,如果未知事件降低了我们购买的价值,或者我们最初错误地高估了价值,买入时有更大的安全边际将会保护我们,避免更大的损失。

这些想法都很好,但是"价值"是什么,它来自哪里呢?街角的糖果店可能位置不错,生意兴旺。如果用15万美元买下这个店,可能是一笔不错的投资。但是如果购买同样的糖果店花费500万美元,同样的位置,同样兴旺的生意,你肯定做了一笔糟糕的投资(这产生了一个谜题,你最初是怎么赚到500万美元的)。总而言之,如果我们投资的时候不理解买入东西的价值，就很少有可能做出明智的投资。

那个糟糕的一周没有最终定义我整个生活的价值。与此类似，一家企业的价值也不是通过一个星期或者一个月发生的事情来决定的。相反，一家企业的价值来自该企业在整个生命周期中能赚多少。这常常意味着需要很多年（许多年，我的意思是20年、30年甚至更多年，我们不能仅仅考虑未来两年或三年的盈利）。计算一家企业未来30年的盈利听上去是非常困难的，但无论如何我们都要试试。我们将从一个简单的例子开始，到本章结束时，我们就应该能很好地理解价值是如何评估的。（一旦理解了价值，那么很难预测在本书剩下的部分中我们将会取得多少成绩！）

为了举例方便，假设我们能够提前知道未来30年和之后年份的企业盈利。为了使例子更加简化，假设例子中的企业名叫凯蒂糖果店，未来30多年每年盈利1万美元。让我们看看会怎么样。

直觉上，我们知道接下来30年每年赚1万美元，跟今天就收到全部的30万美元是不同的。如果今天有30

万美元，我们可以做一件容易的事，就是把它存入银行，然后每年赚取存款利息。银行收到钱，每年付给我们利息，然后将钱借给其他人或者企业，收取比给我们更高的利息。每个人都获利了。30年过后，所有收到的利息积累下来，我们拥有的钱远远超过了最初的30万美元。但是，凯蒂糖果店每年仅仅能赚1万美元，我们不得不等30年才能凑到30万美元。所以让我们仔细分析，看看30年以上每年赚1万美元，今天到底值多少钱。㊀

为了简化起见，假设我们已经拥有凯蒂糖果店的所有权，每年末将利润聚集起来，银行将根据我们存入的金额每年付6%的利息。所以让我们首先计算第1年年末从公司利润中获得的第一个1万美元在今天的价值，然后再以此为依据继续分析。

我们知道年底企业赚取的1万美元和现在拥有的1万美元是不同的。如果我们现在有1万美元，可以存入银行，然后每年收取6%的利息。在第1年年末，我们

㊀ 这些概念讨论的是时间价值（time value of money）和现金流折现（discounted cash flow）。如果你已经非常熟悉这些知识（我也不能讲出什么花样来），看看别的有趣的东西，直接跳到本章总结部分吧。

就有10 600美元，而非10 000美元。所以未来一年赚10 000美元的价值低于现在在手的10 000美元。那么低多少呢？大约少了我们没有赚到的6%的利息。公式看上去是这样的：未来一年的10 000美元，按照没有赚到的6%的利息进行折算，是10 000/1.06，等于9 434美元。（从另外一种角度来看：如果你现在有9 434美元，存入银行每年赚6%，到年底你将会有10 000美元。）

所以从凯蒂糖果店第1年赚得的收益，现在的价值是9 434美元。那么第二年的收益怎么计算？那些收益折现到今天价值是多少呢？两年以后，我们可以从糖果业务的股权中积累另外10 000美元的利润。推迟两年收到的10 000美元在今天价值多少呢？计算出来是8 900美元（$10\,000/1.06^2$）。如果我们今天有8 900美元，存入银行，每年利率是6%，到第二年年末将会变成10 000美元。所以我们前两年从凯蒂糖果店赚得利润在今天的价值是9 434美元加上8 900美元，是18 334美元（这真令人开心！）。

我不再仔细计算后面28年的情况，但是计算方法一般是这样的：

凯蒂糖果店的价值

第1年　第2年　第3年　第4年　第5年　……　第30年　第31年

$$\frac{10\,000}{1.06}+\frac{10\,000}{1.06^2}+\frac{10\,000}{1.06^3}+\frac{10\,000}{1.06^4}+\frac{10\,000}{1.06^5}\cdots+\frac{10\,000}{1.06^{30}}+\frac{10\,000}{1.06^{31}}$$

$=9\,434+8\,900+8\,396+7\,921+7\,473+\cdots+1\,741+1\,643=166\,667$（美元）⊖

$$*\text{现值}=\frac{\text{年度现金流量}}{\text{贴现率}}=PV=\frac{c}{d}=\frac{10\,000}{0.06}=166\,667（美元）$$

所以接下来30多年每年盈利10 000美元折现到现在大约是166 667美元。使用这些简单的假设，我们可以得出一些非常重要的结论。凯蒂糖果店如果能够保证未来30多年中，每年赚10 000美元，这家企业和我们今天口袋里面装有166 667美元的价值是一样的！接下来是比较困难的部分。如果我们能保证所有的假设都是正确的，有人报价8 000美元出售凯蒂糖果店，我们应该怎么办呢？

可以换一种说法问这个问题。如果有人现在就给我166 667美元交换8 000美元，我们应该怎么办？考虑

⊖ 原作者在这里犯了一个错误，标星号的现值公式求算的是"永续年金的现值"，即一项固定收益从现在到永远的现值计算，因为该数列是收敛的，所以会得到一个常数值。作者的错误在于30年的时间还不够久（实际值仅为139 290），要在个位值上接近永续年金现值，需要至少180年。由于本书不是讨论现值计算的图书，作者在此仅仅为了表述货币时间价值的概念，在此便不再逐一修改、纠正后续数字。——编者注

所有的假设，很容易回答：我们当然应该换！这是一个非常重要的概念。如果我们真的能计算清楚像凯蒂糖果店这样企业的价值，投资就会变得非常简单！记住，**成功投资的秘密就是计算清楚某些东西的价值，然后付更低的价格买下来**！事实上，这再简单不过：166 667 美元比 80 000 美元多得多，案例结束。

当然，还有一个小问题。也许我让"计算清楚某些东西的价值"有点过于简单了。为什么呢？让我来举例说明一下。

记住，我事先告诉你凯蒂糖果店的盈利在未来 30 多年中会有多少。但是这些年中盈利会缩水吗？它们会增长吗？凯蒂糖果店在 30 年之后还会继续经营吗？实践中，预测那么久的将来是非常困难的。另外，很多企业真的比街边的糖果店复杂很多。事实上，忘掉 30 年的事情吧，华尔街的分析师连企业下一个季度或者下一年的业绩都预测得非常糟糕。你真的会相信我对未来 30 年之后的盈利预测吗？（还记得吗，我连钥匙和通行费都记不住，甚至我都不是一个律师！）

所以下面就是一个问题。因为没有人能够真正搞清楚未来 30 年的业绩，我们估算那段时间的盈利将仅仅只是一个猜测。即使这个猜测是由一个非常聪明、经验丰富的

"专家"做出的，它仍然只是一个猜测。猜测总是有一定的概率会失误，有时会差异很大。所以当我们计算出企业的价值之后，我们将不得不衡量企业盈利估计错误带来的风险。我们拥有企业权益而预期在未来30多年收到的盈利额，几乎总是不确定的。很明显，我们将会做出最准确的盈利预测。但是这些盈利将总是离确定性有很大距离。

所以这里有一个问题。相比预测未来30多年中每年赚10 000美元，对于未来30多年中有保证的每年赚10 000美元，你愿意支付更多的钱吗？很明显，有保证的比预测的价值更大。实践中，基于预测的未来盈利，投资者一般只愿意付出折价。如果不能保证你拥有凯蒂糖果店之后的一年能够获得10 000美元，相比有保证的情况下，你可能会出价更少。在我们简化的例子中，下一年盈利10 000美元是有保证的，我们使用6%的贴现率进行折现，仅仅是反映了我们不得不等待一年才能收到10 000美元付出的机会成本。现在，如果第1年年底的10 000美元仅仅是估算的，那么我们愿意支付的钱就更少了。

少多少呢？这并不十分清楚，但我们一定不愿意付出超过10 000美元是有保证时使用的6%的贴现率，也许我们使用8%、10%或者12%，甚至更多（贴现率的大小反映我们对盈利预测的信心有多大）。但是当我们对未来30年的盈利预测使用更高贴现率时，情况就变得愚蠢起来（是的，数学也会导致非常滑稽的结果，这是真的）。

下面是计算过程：

凯蒂糖果店的价值

6% 的贴现率

$$\frac{10\,000}{0.06} = 166\,667（美元）$$

8% 的贴现率

$$\frac{10\,000}{0.08} = 125\,000（美元）$$

12% 的贴现率

$$\frac{10\,000}{0.12} = 83\,333（美元）$$

结果显示，如果使用12%的贴现率，凯蒂糖果店的价值只有83 333美元。我们遇到麻烦了！80 000美元的购买价格看上去显得不那么便宜了！

无论如何，十分清楚的是，当我们给公司估值时，使用不同的贴现率计算盈利可能会导致估值结果差异很大。但是找出正确的贴现率并不是我们遇到的唯一问题。为了简单起见，我们做了一些现实世界并不存在的假设。举例来说，与你的直觉感受一致，大部分公司在连续的

30年中每年的盈利数额并不都是一样的。如之前提到过的,随着时间的流逝,许多公司盈利增长了,同时一些公司因为竞争激烈、产品糟糕或者经营计划不完善,他们的盈利在数年中不断缩水甚至出现亏损。让我们看看,在尝试给公司进行估值时,使用不同贴现率,并且对未来盈利增长率做一些不切实际的假设,那么数字结果将变得多么可笑!

凯蒂糖果店的价值

4%的增长率	4%的增长率	6%的增长率
8%的贴现率	12%的贴现率	8%的贴现率
250 000美元	125 000美元	500 000美元
$\frac{10\,000美元}{(0.08-0.04)}$	$\frac{10\,000美元}{(0.12-0.04)}$	$\frac{10\,000美元}{(0.08-0.06)}$

$$现值 = \frac{年度现金流量}{贴现率 - 增长率}$$

哇!换句话说,数字给我们展示的是非常重要的东西。按照财务理论和投资逻辑,企业价值应该等于预期从企业整个生命周期中获得的所有盈利之和[⊖]。(根据需

⊖ 实践中,我们应该看看从公司整个生命周期中收到的现金有多少。从说明问题的角度来说,我们假设企业盈利是所收到现金的近似估计。

要花费多长时间获取这些盈利和我们认为预测未来盈利的风险，而折现到今天的美元现值。)企业的盈利每年增长2%、4%、6%，还是完全不增长？贴现率选择8%、10%、12%，还是其他数字？数字表明增长率或者贴现率估计的微小改变，都可以导致最终估值结果的巨大差异！

凯蒂糖果店的价值

2% 的增长率	5% 的增长率
12% 的贴现率	8% 的贴现率
100 000 美元	333 333 美元
$\dfrac{10\ 000\ \text{美元}}{(0.12-0.02)}$	$\dfrac{10\ 000\ \text{美元}}{(0.08-0.05)}$

$$现值 = \frac{年度现金流量}{贴现率 - 增长率}$$

哪一个结果是正确的呢？几乎不可能知道。对公司未来30年盈亏的估计，我们应该信任哪一个呢？哪一个贴现率应该是适合我们使用的呢？

正如我说过的一样，成功投资的秘密是弄清楚一些有价值的东西，然后付出少得多的价格！

但是我们如何计算价值呢？每个人都能做到吗？

这是个好问题。但是目前我们还不能回答这些问题，还好我们已经学了一些有价值的内容。所以让我们总结一下，看看学到了哪些东西。

总结

1. 成功投资的秘密是弄清楚一些东西的价值，然后以少得多的价格买下来。(尽管我之前已经讲过这个内容！)

2. 公司的价值等于我们预期从企业整个生命周期中获得的盈利之和（折现为当前现值）。未来20年或30年的收益是大部分价值产生的来源。下一个季度或下一年度收益仅仅是价值中很小的一部分。

3. 上面第2条中价值计算方法是基于估算的。在估算过程中，未来30多年收益预测的一个很小的变化都会导致企业价值估算的大幅变化。估算中会使用贴现率将未来盈利折现到今天，而贴现率的小幅变化也会导致对企业价值估计的大幅变化。两方面都发生变化，会让我们疯掉。

4. 在估值中应该使用适当的盈利增长率或者适当

的贴现率,如果两者发生微小的变化也会导致估值结果的巨大变动,那么"专家"所做的估值真的有那么大的意义吗?

5. 第4点的回答是:"不是很有意义。"

6. 最终证明,布朗克斯区的确有24小时工作的锁匠,不幸的是,当时找不到他们。

| 第 3 章 |

估值并不容易

**THE BIG SECRET FOR THE
SMALL INVESTOR**

每天早晨，在我上班的路上，从许多地方能看到美国邮政局那条鼓舞人心的标语，就在那，在纽约城第八大道33街上，火车站对面雄伟的邮政总局大楼上。大楼前方悬挂着让整个街区醒目可见的名言"无论雨雪、炎热酷暑，还是夜幕降临，这些信使都坚守在自己的道路上"。在手机短信、电子邮件和互联网充斥我们的生活之后，信件不再那么重要了，但是这种高尚的精神依旧响亮而清晰：它强调克服前进路途中的障碍，履行我们的责任，完成我们的任务，把工作完成，行动迅速——无论遇到什么困难。请看，这种精神是多么伟大。

当然，最近的暴风雪期间，按照邮政局长所言，发现它仅仅是"一首诗"而已。⊖但我仍然热爱这种信念，无论任务多么艰难，永不放弃。所以，我不在意没有办法确定所估值的企业未来30多年的盈利，我更不在意无法确定折算未来30多年盈利的利率。一定还有其他办法衡量企业的价值。我们很幸运，的确有其他办法。

其中一个方法甚至很显而易见。举例来说，当你去购买房子的时候，每个人都知道首先要检查一下周围邻居的情况。购买同一个社区中普通的房子需要支付多少钱？我关注的街区中最近是否有交易记录？销售价格是多少？我想买的房子与街区中其他房子相比如何，与邻近街区中的房子相比如何，与邻镇类似的房子相比如何？我们都知道正确的买房流程是怎样的。在购买之前，有许多简单且显而易见的问题要考虑和调查。

给公司估值的情况与此非常相似。这种方法经常被称为"相对估值"。公司从事的业务是什么？从事类似业务的公司股价是多少？公司盈利和股价的对应关系如何？相比类似的公司，看上去更便宜或者更贵吗？公

⊖ 事实上，这是2 500年前古希腊著名的历史学家所写（但是因为不可预见的天气情况，仅仅过去几个世纪才邮递给我们）。

司成长的前景如何？它们比同一行业的公司更好还是更差？这些因素反映在股价中了吗？有各种各样的问题需要问，许多事情需要比较。当然，这个过程并没有那么简单。但是投资者可以使用与类似公司比较价格的方法，用这种方法可以防止给本地的糖果店出价5 000万美元（当然，没有5 000万美元是另外一个有效的办法）。

研究相对估值是十分有意义的，并且也是有助于绝对估值的一种重要和有用的方法。不幸的是，这种方法许多时候不太好用。我们都记得20世纪90年代后期的互联网泡沫，那时几乎所有与互联网有关的公司（甚至是那些只是与某个互联网公司有联系的股票）股价都难以置信得高，当然这也非常不合理。比较一个互联网公司和另一个互联网公司，对于我们来说就没有什么帮助。那个时期，几乎所有互联网公司的股价都难以置信得昂贵。我们也知道最近出现的房地产泡沫。许多房子和邻近社区的房子相比起来，看上去定价合理。实际上，因为容易获得银行贷款，所以整个社区的房价都被大大高估了。

在股市中，这种相对错误的定价总是存在的。对于一个行业，如石油或者建筑，可能因为近期行业非常景气，股价得到有力支撑。在这类行业中的公司股价相比同一行业中的其他公司可能看上去价格很合理，甚至还相对便宜。但是当整个行业定价是错误的时候，甚至最便宜的石油公司或者最便宜的建筑公司，也可能股价太高！这就是为什么在给公司估值时，单独依赖相对估值分析非常危险的原因。

所以，如果未来30多年盈利预测的假设有微小变化会导致结果大不相同，进行相对收益能够在最差的情况下证明预测不可靠，那么在军火库中还有投资者可以用来弄清楚公司估值的其他武器吗？是的，还有一些。

但不幸的是，它们也没有那么好用。其中一个方法是弄清楚这个公司对于其他人值多少钱。这个方法一般被称为并购估值。一个典型的例子发生在互联网股票经纪业务中。如果你有两家公司，一家有50 000名顾客，另一家有200 000名顾客，你可能会为了发展大公司而并购小公司。为什么呢？大公司只需要一个股票交易清算中心，一套计算机系统，一个首席执行官等。所以经常发生的是，一旦并购发生，小公司就不再需要交易清算中心、计算机系统和首席执行官了。大公司从增加的

50 000名客户中赚取的钱将比小公司赚得更多，因为它不必承担一个独立公司的运营费用。

事实上，因为企业整合带来的成本节约，有时候小公司对并购公司的价值，超过其继续独立经营的价值。那么你能计算出价值多出多少吗？谁获得了成本节约的利益，购买的公司还是出售的公司？无论交易产生多少价值，管理层是否会全部出售？回答这些问题需要结合每一个案例的具体情况分析，尽管有可能做出较好的预测，但是这个过程并不容易。并购估值，即公司对他人而言可能价值几何，是当投资者希望搞清楚公司价值时可以考虑使用的一种补充方法。

还有另外一种估值方法，有时被称为清算估值（liquidation value）。这里我们关注公司的资产，而非仅仅考虑盈利。一些公司实际上"生不如死"，公司破产清算会更值钱。举例来说，一家赔钱的公司可能出售存货、土地、建筑，甚至它的品牌名称（如果它有的话），这样获得的钱可能比公司继续经营还值钱。（在一个极端的例子中，一个陷入困境的赛马场经营者在他的场地中发现了石油矿藏，他才真正意识到自己资产的价值！）无论如何，在大部分情况下，投资者不得不估算如果将业绩惨淡的公司关闭，变卖资产，有多大获利的可能性。事实上，即使亏损的企业里，也很少有管理者自愿选择取消自己的工作。虽然如此，估算一个企业的清算价值有助于评估一家公司是否处于折价状态。

所以，专业分析师估计公司价值所采用的四种方法没有一种容易使用，所有方法都存在不同程度的困难。现实世界中，许多大公司不仅涉足一个行业，还涉足其他行业，这使得问题更加复杂。大公司经常有许多不同的业务部门，每一个部门有不同的业务线或者不同的行业。分析师可以结合使用未来盈利折现和相对估值方法给一个业务估值，然后使用并购和清算估值给另外一个业务估值。这种分析方法经常被称为分类加总估值法，是混合使用刚刚提到的四种估值方法，获得最佳的估算结果，然后将结果合理地相加获得。

到现在为止，你可能掌握了要点：弄清楚公司的价值并不容易。如果聪明的投资是弄清楚某些东西的价值然后支付低得多的价格买下来的话，这时读者们可能很容易提出质疑，本书是否值得继续写下去。预测未来 30 年的盈利听上去是一件难以置信的困难的事。弄清楚使用什么利率对这些盈利进行折现呢？同样十分困难。另一方面，相对估值策略比较有用，并且在很多方面比其他方法更容易使用。然而，并非总是有类似的公司可供比较，即使有可供比较的对象，在完全错误的时间里使用这种方法，也经常会导致错误的结果！

弄清楚并购价值可能会给人们一些美好的希望。但是这种方法要求我们有能力理解两种业务的经济学——具有未知潜力的买家和我们尝试估值的公司。一旦掌握这些，我们必须分析两家公司业务整合产生的成本节约；然后，我们仍然必须估计这些潜在成本节约有多少会让出售公司的人受益，而不是购买公司的人。无论如何，使用这种方法时，祝你好运。

但是至少我们总能回到清算估值分析方法上。这只是开玩笑！几乎没有一个能够清算。为什么？在大部分情况下，当一家公司运营状态不太好时，公司管理层的行动就像邮局（或者更准确地说，像邮政总局大楼上的格言）——与其放弃公司或者自己的工作，不如不断地努力尝试！如果计划 A 没用，不要担心，总是有计划 B、C、

D 和 Z。在管理层尝试完所有拯救计划之前，公司所有的金钱和资源经常已经消耗殆尽。

所以我们到底学到哪了？首先，我们现在是在第3章的结尾，并且你仍然不知道如何给公司估值。但是也许你已经学会一些很重要的东西。你现在理解了在给一家公司估值时，专业股票分析师和基金经理们所面临的挑战。这是非常有价值的知识。在下一章中，将会尝试解释我是如何迎接这些挑战的，但是现在，不要担心，你真的做得很棒（即使你自己不这么认为）！

总结

1. 弄清楚如何估计公司未来30多年的盈利，这并不是投资者给公司估值的唯一方法。

2. 其他方法还有相对估值、并购估值、清算估值和所谓的分类加总估值，这些方法也可以用于计算公司的合理价值。

3. 不幸的是，所有这些方法都很难使用，也经常导致非常不准确的估值。

4. 如果不知道如何给一家公司估值，我们将无法明智地投资。

5.邮局并不能真正帮助我们（下雪、下雨、天黑，抑或是其他困境中），但是在下一章中我将尽我所能帮助大家。

|第4章|
应对估值的挑战

THE BIG SECRET FOR THE
SMALL INVESTOR

当时，我正在参加一场莎士比亚课程的期末考试，并且开始冒汗。我的困境完全是自己一手造成的。毕竟我就读的是一所商学院，没人会强迫我报名参加一门关于16世纪戏剧家的课程。原因是我恰好停下来听到了第一堂课，当时从英国来的访问教授带着浓厚的英国口音读着《查理三世》富有感染力的开场白。我真的被折服了，当场就报名了这个课程。幸运的是，我交上了考卷结束了课程，估计那时历史学家都会毫不犹豫地把我记录为绝对的天才。不得不承认，这个课程中我本来可以更加努力（阅读所有的剧作，而不仅仅是读剧情简介），我所处的期末考试考场，在现实生活中经常出现在多数学生和成年人的噩梦里。但是这并不是梦，我真的不知道那些题目的答案是什么。

不，真的，这并非侥幸脱险。我不知道那些十二行诗句出自哪些本来我应该读过的戏剧中。谁说过这些诗句？出现在哪一场戏的哪一幕中？背景和意义是什么？整场考试都是这样的问题。我到底应该怎么回答？坦白地说，我不认识坐在我旁边的那个家伙，但是客观地说，他完全是一个白痴，所以向他求助完全行不通。完全束手无策，那时是12月中旬，而汗水仍然湿透了我的衬衫和短裤，我写下了12个明显错误的答案（除非波洛涅斯真的建议罗密欧"冒险试一试吧"）。

但事情最后的结果是：我通过了该课程的考试。正如我想的那样，几乎所有人都认为通过考试是不可能的任务。如果有可能整合每个时刻的预期曲线，就会发现许多学生也有同样的预期。当尝试解决公司估值问题的时候，请记住我给你分享的这个故事。是的，我们已经讨论过的困难问题仍然在那里。但是请记住，其他人也必须处理同样的难题。在一些正确的情况下，你的猜想很可能与那些"专家"相比同样不错，有时甚至会更好。这个情况的重要性将在稍后说明，在那之前，让我们看看能否学到一些投资的秘密。

我们首先处理最困难的问题。如何着手估算未来30多年的收益，在这之后，如何计算这些收益在今天的价值是多少？答案很简单：我们不这么干。我们只需要将难题简化。

首先，假设我们的资金有其他选择。在我的书中，任何投资都需要击败的选择是，我们从美国政府国债中赚取的"无风险"收益。举例来说（原因我稍后会解释），假设我们可以购买10年期的美国国债，10年中每年付息6%。本质上，是借钱给美国政府，期限是10年，他们保证每年付息6%，到期之后将本金全部返还给我们。

现在我们终于有一个简单的标准，用于和其他投资选择进行比较了。如果预期一项投资收益率不超过6%，即不超过我们可以无风险地从美国政府那里获得的收益，那么我们就不投资。这是一个很好的开始！让我们来看看，使用新的分析工具评估凯蒂糖果的投资。

你记得第2章提到的凯蒂糖果吧，它就像我们家附近的糖果店。这个店以10万美元的价格对外出售。我们乐观地预测这个店明年⊖能够赚取税后1万美元的利润，由于小镇的扩大，这个利润会在以后的每个年份小幅增长。那么问题来了。如果我们投资10万美元买下整个凯蒂糖果店，明年将会赚取1万美元，这比持有10万美元或者购买每年固定收益6%的美国国债要好一些吗？让我们来看看。

可以毫不犹豫地说，投资10万美元第1年赚1万美元的回报率是10%（10 000÷100 000=10%）。这就是大家常说的净收益率。这个收益肯定比借钱给美国政府所获得的6%的收益要好。但不幸的是，分析还没有完成。从政府那里获得6%的收益是有保证的，凯蒂糖果10%的收益仅仅是我们乐观的预测。另外，有保证的6%的收益期限是10年期，我们乐观预测的10%的回报率仅仅是指明年。另一方面，我们预期10%的投资收益率在未来的年份中会随着每年利润的增加而小幅增长。总之，我们要比较既不会增加也不会减少有保证的年投资收益率6%，和预期每年会有所增长但实现起来有风险的

⊖ 实践中，我们假设下一年对公司而言是"正常"的一年。"正常"的一年是指经济和商业条件都很典型，既不特别好，也不特别坏。

10%（但因为是预测，回报有可能增加也有可能完全消失）。我们应如何比较这两种投资？

这里有趣的是，我们对凯蒂糖果店的收益预测非常有信心吗？我们对收益随着时间而增加的预测非常有信心吗？如果我们有信心，随着年份增加还能增长10%的收益率，相比不变的6%的收益率，非常有吸引力。如果我们对自己的预测信心不足，可能认为从政府获得确定的6%的收益率会是更好的交易。

但这并非我们所有能做的分析。现在我们还有一个方法比较凯蒂糖果店和其他投资机会。

比如说我们还有一个机会购买本地的鲍勃烤肉店。这家烤肉店也可以用10万美元买下来（鲍勃和烧烤不包括在其中）。我们预期鲍勃烤肉店明年将会赚得1.2万美元，就是说第1年的净收益率是12%。并且也预计随着时间的推移，鲍勃烤肉店的收益增长比凯迪糖果店更快。另外，我们对鲍勃烤肉店的盈利预测和增长前景预测，比对凯迪糖果店的预测更加有信心。所以，尽管我们仍然不知道其中哪一个投资是否比政府债券更有吸引力，但至少知道一点，鲍勃烤肉店比凯蒂糖果店更有吸引力。

为什么呢？这很容易判断啊。

我们预期鲍勃烤肉店第1年的收益率是12%，超过了凯蒂糖果店的10%，这12%的收益率增长也会快于凯蒂糖果店，并且我们对本地烤肉店的预测比糖果店的预测更加有信心。

所以首先我们比较潜在的投资和无风险收益率（为了讨论方便，其原因将在后面再详细解释，我们设定最低的无风险收益率，即必须超过6%的年化收益率）。如果我们对自己的预测非常有信心，并且投资似乎每年的收益率都显著地高于无风险收益率，那么我们就跨过了第一个障碍。接下来，我们将比较潜在的投资和其他可选的投资。在例子中，鲍勃烤肉店具备更高的期望收益率和更高的增长率，甚至相比凯蒂糖果店，我们对这个预测更加有信心。所以相比凯蒂糖果店，我们会优先选择鲍勃烤肉店。当然，如果我们对两个投资项目的预测都非常有信心的话，那么可以决定两个都买下来。但是总体来说，这是我在评估和比较自己的投资组合时所遵循的基本流程。

当我向MBA学生讲授这个概念，讨论这部分内容时，我总是问他们以下问题：当我们试图给一家公司估值时，如果很难预测其未来的收益率和增长率，会发生什么？如果行业竞争很激烈，我们并没有把握企业的盈利能够持续怎么办？可能我们还会问另外一个问题，这些企业的新产品能否成功。有时我们并不知道新技术是否会影响到公司的主要产品或服务。这时，我们应该怎么做呢？

我的回答总是很简单：略过这些公司，寻找那些容易估值的公司。行业未来的发展趋势，新产品、新服务或者新技术对公司的影响，如果你对这些问题没有清楚地理解，就不能真正准确地估算未来的收益率和增长率。如果你做不到上面所说的这些，那么你就没有必要投资这家公司。

但是我知道你现在怎么想：谢谢你的建议，但这些问题听上去真的是太难啦。

实际上，我并不指望我最优秀的 MBA 学生能很好地预测大多数公司未来的收益率和增长率。事实上，我告诉他们不要自寻烦恼。在股票市场，没有人强迫你投资。你有数以千计的公司可以选择。我告诉他们，最佳的行动方案是选择出少数能够理解其业务模式、行业前景和未来盈利情况的公司进行研究。对这些你有能力估值的少数公司，做出最佳的预测和比较。对这些公司的估值应该采用包括相对估值、并购估值和我们之前提到的其他估值方法。

但是，上面这些是我教给那些MBA学生的。我要告诉你的是，你很可能是对的：估值这事的确很难。自始至终我的观点都是如此。我希望你能够开始理解专业投资者们所面临的一些挑战；希望你能感受到给几十家或上百家公司做出有信心的预测是一件多么困难的事情；希望你能明白需要提出哪些问题，需要做出哪些比较，需要对未来做出多么复杂的估计。

事实上，这些问题如此困难，就像我们所有人都被莎士比亚课程的期末考试难住了一样。但是还不用担心。如果哈姆雷特都能完成，我们也能。（等等，哈姆雷特完成考试了吗？）不管如何，后面还有很多内容，包括我教给学生们课程的讨论，专业投资者所做工作的检验，最后是大多数人应该遵循的建议（提示：没有一个涉及预测的问题）。

但是首先，让我们进行总结和回顾目前所学的内容。

总结

1. 预测未来 30 多年的盈利非常困难。计算这些盈利在今天的价值也很困难。所以我们不做这些事情。

2. 作为替代，当我们评估购买一家公司的价格时，要确保投资收益率超过我们能从国债中获得的每年 6% 的无风险收益率（见章末的补充阅读）。

3. 如果我们的投资在很长一段时间内的收益率显著超过无风险收益率，并且对预测很有信心，我们会忽略第一个困难。

4. 比较潜在投资和其他投资选择的预期年化收益率，以及对这些投资的信心水平。

5. 如果我们不能做出特定公司很好的盈利估计，跳过这家，找一家我们能估算的公司。

6. 对于专业的投资人员来说，做出几十家甚至上百家公司的盈利估计和比较，真的很困难。

7. 我们将要学习如何应对这些挑战。

8. 如果哈姆雷特能做到，我们也能！（不幸的是，我刚刚查过，哈姆雷特的人生是一个悲剧。）

·············· 补充阅读 ··············

为什么6%是任何投资者都应该击败的最低年化收益率？为什么我们关注10年期美国国债？如果10年期国债收益率低于6%，怎么办？如果10年期国债收益率超过6%呢？

很明显，如果我们在投资中每年不承担任何风险地赚取6%的利润，如果我们有信心长期可以获得更高的回报，我们应该投资一些其他品种。10年期国债尽管不完美，这是我们能获得的最接近有保证的无风险固定利率，是我们所有最初投资的回报率。

尽管无风险的美国国债收益率有时低于6%，但我们仍采用6%作为保守的最低收益率。㊀我们关注10年期国债，因为10年是相对较长的时期（使用30年债券利率也可以接受）。

㊀ 换句话说，无论国债利率有多低，都使用6%作为我们将要超过的最低目标，长期投资的过程中，这应该会让我们更加有信心。（很低的国债利率并非一成不变，所以这会保护我们。）

如果10年期债券利率高于6%，我们将使用更高的数字。很明显，如果能够赚取8%的无风险收益率，那么其他投资也应该高于这个收益率。

如果我们找到一家公司预期下一年盈利只有5 000美元，而市值是100 000美元？如果仅仅给5%的年化收益率，我们能购买这个公司吗？答案是"是的"。如果我们非常有信心认为未来几年这家公司的盈利增长很快将超过10 000美元或者12 000美元，就可以考虑买入。换句话说，即使公司目前的投资收益率只有5%，但未来几年很快将会达到每年10%～12%。在这种情况下，它的投资收益率将会好于无风险收益率。

这些东西很难。让我们再看看下一章的内容是否对投资有进一步的帮助。

| 第 5 章 |

选择有优势的领域投资

**THE BIG SECRET FOR THE
SMALL INVESTOR**

这里有一个问题：你想要使用什么策略来打败泰格·伍兹？毕竟，他已经获得14次高尔夫球世界锦标赛冠军了。即使其他专业运动员试图击败他，也是很困难的。像你这样不甚高明的玩家，怎么可能获胜呢？好吧，其实你有比想象中更多的机会可能赢他，那就是不要跟他打高尔夫球。

谈到股票市场，我也给我的学生们类似的建议（请安静一下，我要强调一个重要的观点）。许多专业的资产管理人管理着数十亿美元的资产。他们有人数众多、经验丰富的团队，从顶级商学院中招聘人才，还有丰富的外部资源，并且可以得到所有华尔街大型公司的研究帮助。这些基金经理大多数都非常聪明。当他们分析数十家甚至上百家公司的时候,都尝试弄清楚我们之前提到的问题:未来的盈利情况如何?盈利的增长速度将有多快?我们对盈利预测的信心有多少?

我该如何教我的学生与这些聪明的、有那么多资金和外部资源的人竞争呢?其实很简单,真的。我只是告诉他们去玩另外一个游戏。事实上,历史上一些伟大的战争都是那些人数和火力都不占据绝对优势的军队获胜。如果你的军队有1万人,而交锋的敌人有10万人,直觉上来讲,直接冲向他们,与他们正面交锋对取得战争的胜利来说毫无作用(即使你们大喊大叫也没有用)。敌人正求之不得呢!为了获胜,你必须选择有利位置,悄悄地接近他们,潜到他们身边,虚张声势地吓唬他们,切断他们的补给,或者等待他们突围和撤退。无论策略是什么,正面决战很可能是错误的。想让胜利的天平向你倾斜,那就必须改变游戏规则。

最终结果表明,在股票市场中,有许多投资方法可以做到这一点。其中一个最佳的方法是在不引人注意的地方,去购买投资大鳄们完全不会投资的小市值股票。

无论在报纸上或电视上股市呈现出什么样子,但股市的基本原则并不复杂。一只股票代表一家公司的一份所有者权益。这些所有者权益被分割成股份。如果一家公司将其所有权分为100万股，每股便代表了整个公司百万分之一的所有者权益。这些股份每天在我们称之为股票交易所的电子市场中交易。如果你可以购买100万股（100万股流通股）中的10万股，你就能拥有公司10%的所有者权益。如果股价是10美元1股，10%的股份将会花费你100万美元。对整个公司100万股流通股而言，10美元1股的价格，意味着股市给整个公司的估值是1 000万美元（10美元／股×100万股）。

但是市场估值仅有1 000万美元的公司（总市值1 000万美元），对几乎所有的机构投资者（共同基金、养老基金、捐赠基金、保险公司等）来说都太小了，以至于无法购买。甚至总市值1亿美元的公司对于这类机构投资者来说，都经常会因为规模太小，以至于难以买入。因为法律和其他原因，大部分机构投资者必须限制他们持有单家公司的股份在5%或者10%以下，甚至购买一家公司5%的股份也经常会推高购买价格，特别是对那些交易并不活跃的小公司来说。通常情况下，对规模有数亿美元或数百亿美元的机构投资者来说，不值得投资总市值小于 5 亿美元甚至 10 亿美元的某家公司，并为之操心费神。他们根本无法买到这些小型公司足够量的股票，使其值得投资。大部分华尔街的股票分析师的分析也常常不会覆盖这些小公司。因为这些公司的交易量不足，无法产生足够的交易佣金来合理地覆盖研究成本。

但是在美国有数千家上市公司总市值低于 10 亿美元。全球成熟市场中，有超过数千家国际化公司总市值低于 10 亿美元。所以投资小市值股票是涉及全球数以千计公司的游戏，并且大部分机构投资者仅仅因为资金量太大而无法参与其中。幸运的是，你并非如此。至少我是这样告诉学生们的。

当然，你仍然必须做出猜测，并想清楚这些公司价值多少。在寻找折价股票时，这样做会减少来自那些投资大鳄的竞争而更容易一些。在做投资决策时，这样做也会有数以千计的股票可供选择（个人投资者既可以选择大盘股，也可以选择小盘股）。所以在投资的世界中，管理的资金量小是一个很大的优势（从这方面来说，即使数百万或者数千万美元也是很小的)。更少的竞争和更多的选择,的确是很大的优势。正如沃伦·巴菲特所说的"厚钱包是高回报的敌人"。他的意思是,随着财富的增长,他的投资选择变少了。现在只有相当少的投资机会,能够对他的整个投资组合的回报产生重要影响。他的投资选择一般被限定在一些著名的公司中,他必须和数以千计的大型机构投资者竞争,在其中寻找便宜的股票。

所以没有数十亿美元用于投资,可以比华尔街大公司更有优势。但是,假设我的学生们能够保证做到这一点,是否还有其他方法改变这个游戏呢?当然,有另外一个看上去相似的策略。这个策略需要你变得"有一点懒惰"。我告诉他们不要试图分析上百家企业。无论如何,试图很有信心地预测大量公司未来的盈利是一件非常困难的事。但是随着时间的推移,找出六七家公司,你可以很有信心地预测它们未来的盈利、增长率和产业趋势,这很有可能,并且肯定会更容易。

坚持只投资少量的你能够更好理解的公司,而不是将这些股票放在30或50只心爱之选的组合中,这样看上去才更合情合理,才能获得相比平均投资回报率更高的潜在收益。著名的英国经济学家约翰·梅纳德·凯恩斯（John Maynard Keynes）的说法广为人知，"随着时间的推移，我越来越相信正确的投资方法是，向认为有所了解，并且完全信任其管理层的企业投入相当多的资金。"而巴菲特的说法是这样的："如果在买入之前，投资者深入思考公司业务并且对其经济特征十分认同，我们认为随着投资集中度的提升，集中投资策略应该可以很好地降低风险。"

　　坚持研究和投资那些你有独特洞察或者深入认识的少数公司，这样做更有意义。我认识不少投资者，他们甚至仅仅投资一个行业中的公司就做出了很成功的业绩。当然，他们对所投资的领域理解得非常非常深刻，集中在这个领域中投资就将投资风险最小化了。如果你在某个特别的领域中有丰富的知识或者浓厚兴趣，那么致力于其中就是很好的投资方法。可惜的是，这是我给那些MBA学生的建议。我给他们推荐这个策略的时候，假定他们初步具备一些给公司估值的能力和理解力。

　　但是我的学生们不会都高于股票分析师的平均水平。所以相比"更懒惰一点"的投资计划，他们似乎更喜欢另外一个投资策略。如果他们恰好不擅长估计未来的盈利或者猜测公司的增长率怎么办？当然，花费大部分时间研究机构投资者并不关注的小市值公司，有助于和有优势发现价格低廉的股票。不去尝试研究数百家公司，而是集中精力在少数他们觉得更有信心的公司上，这样做也很有好处，因为对于这些公司他们拥有行业知识，并能够更好地理解其所处的产业。但是如果这些还不够，怎么办？如果他们恰恰缺少这方面的天赋，并且研究能力仅仅是一般水平，怎么办？我应该怎么教这些学生呢？当然，我会做任何优秀教授都会做的事情。我会告诉他们，周末和我的岳父岳母待在一起。

在我的第一本书中，我讲过关于我妻子的父母如何独特并有钱可赚地过周末的故事。是的，周末他们本来可以看球赛或者在家中休闲，但生活中并非如此，他们去乡镇地区拍卖行、古董店和地产经纪公司，寻找能够折价购买的古董或艺术品。在寻找这些折价品的时候，他们并不会寻找下一个毕加索的作品，那样就会要求他们去预测哪一个有待发现的作家的作品未来会更有价值；他们也不去尝试弄明白18世纪的法国家具是否会价格飞涨，那样也会要求预测未来。相反，他们尝试让挑战更容易一些。

找到了一个美丽的古董桌子或者一个优美的印象派画作之后，是否买下来，他们只问一个问题：近期拍卖行是否以远远高于潜在买价的价格卖出过类似的家具或者油画？就是这样。⊖这并不意味着他们的艺术修养和古董知识没有帮助他们赚钱。但是许多人也可以获得类似的知识。他们真正的优势在于掌握这些知识，并将其应用在很少有人光顾的地方。这些店稍微有些难找，来自其他消息灵通的收藏者的竞争更少，所以会有机会找到尚未被发现的便宜货。

恰好如此，股票市场也有自己的乡镇拍卖行和地产经纪公司。这个投资领域经常被称为"特殊事件投资"（special situation investing）。我告诉我的学生，在这些地方能够预测并不重要，主要的挑战是首先要找到这些市场中偏僻的角落。能否找到这些便宜货，最重要的是知道去哪寻找，而不是非凡的天赋。

⊖ 很明显，不需要别人教给他们什么是"相对估值"。

在华尔街有一个又小又闭塞的领域被称为分拆（spinoff）。公司需要融资来扩大业务一般有两个选择。他们要么借债，要么出售一部分股权。如果公司足够大并且需要数百万，它可以选择通过被称为"公开发行"（public offering）的方式出售业务的股权给广大投资者。许多情况下，公司将会雇用投行，通过华尔街投资机构的网络，组织销售这些股票。公司给这些投资机构提供自己的背景信息，这些机构积极地将股票销售给客户，并根据募集的资金量获取报酬。

分拆的情况与此有些不同。有公开市场交易的大公司经常有许多不同的业务线条。有时，某家公司可能希望将不同种类的业务和其他业务分开。因为如果其中一个业务业绩很差，那么管理层认为将其从"好"的业务中分离出去应该是正确的举措。在其他情况中，某个业务可能仅仅是整个公司中很小的一部分，管理层不想在这么小的业务上面浪费时间和精力。有时，管理层可能觉得股票市场把完全没有联系的业务组合"混淆"了，股票的价格没有充分反映公司每个业务的价值。但是不管什么原因，公司可能决定通过分拆交易，仅仅针对某个业务发行股票给现有股东,而不是卖掉那个业务。

公开发行时,公司会积极销售股票给客户,与此不同,如果发生了分拆交易,股票将直接分发给现有股东。这些股东从来没有要求购买新分拆出来的公司股票,而通常人们是主动购买华尔街投行承销的公开发行股票,所以这些股东更喜欢在收到股票之后的几个月出售那些股票。此外,华尔街公司从分拆股票的销售业务中并不赚钱,因此他们经常不研究覆盖分拆的新股。因为缺少研究,新股更大可能性地被低估了。那么,如果你正在寻找购买一些折价股票,这可能是非常好的机会。

另外一个寻找折价股票的丰富来源是破产(bankruptcy),其中可能找到有很大获利机会的股票。这种情况发生在公司没有足够的现金去偿付负债的时候。在进入破产程序时,公司的债权人可能会收到公司的股票,归还他们的欠款,而不是用现金支付。你可以想象一下,有一家餐巾经销商给一家破产的连锁餐饮公司供货的情况就是如此(他本来希望得到现金付款),取而代之,他得到了餐饮公司的股票。(提示:他们可以分析一下股票价值是多少,但更大的可能是他们只会把股票卖掉!)影响这些股票价格的因素和分拆的情况是相似的，不想要并且缺乏研究产生了大量错误定价的机会。

其他有可能产生股票定价过低的机会包括重组、合并、清算、资产出售、红利分派、股权出售、资本结构调整、期权、小型国外证券、复杂证券和其他许多类似机会。事实上，我写了一本《股市天才》⊖来讲这种类型的投资，并且每年在MBA课程中花大量的时间讲授这些知识。涉及这些特殊情况的公司经历各种异常的变化，无疑是寻找低价股的肥沃土壤。

不幸的是，对很多投资者来说，这个领域仍然存在很多障碍。首先，因为个股的特殊事件都是独特的，每一个投资都需要一定的时间和努力去寻找并估值。其次，尽管我告诉学生们，集中关注存在明显折价的领域（这里不一定需要成为一个好的预测者），很明显仍然需要一些基本的估值技巧。最后，无论规模大小的投资者都面临一个重大障碍是，这些鲜有人涉足的项目规模都相当小。它们可能太小了，以至于机构投资者不屑一顾，并且大

⊖ 见 *You Can Be a Stock Market Genius* (Simom&Schuter, 1997)。

部分华尔街公司不提供相关的研究服务，小规模投资者完全依赖自己去研究它们。

　　但是不要担心，你只要知道接下来会发生什么就行了（在这些地方寻找机会就可以了），因为下面是本章的主要观点。在股票市场中，愿意做一些研究工作的投资者只要改变游戏规则，就会有大量的方法获得竞争优势。他们可以管理少量的资金（数百万美元而不是数十亿美元），只研究数千家很少有竞争对手关注的小公司，只在少数他们最了解和最有信心的股票中选择投资标的，只投资在能够产生优势的最适合的领域。

　　但是最专业的资产管理人是怎么做的？他们的做法完全不同。下一章中我们会看到，他们坚持要在高尔夫球场上与泰格·伍兹一决高下。

总结

1. 在股票市场上，投资者可以有大量的方法，通过做一些工作获取竞争优势。
2. 大部分专业的投资管理者不会使用这些方法（或者不能使用）！

3. 下一章中，我们将会看到最专业的投资管理人的做法与此不同。

4. 我们将弄清楚你应该怎么做（特别是，如果你不想做任何努力）！

| 第 6 章 |

基金投资的挑战

THE BIG SECRET FOR THE SMALL INVESTOR

多萝西、稻草人和其他伙伴们走在通往邪恶女巫城堡的林间小路上，这时他们突然遇到了一个不太吉利的路标，"如果我是你，我就立刻往回走"。当然，胆小的狮子立刻转身开始逃跑。那时我还是一个小孩子，在电视上看到这一幕时，我已经被吓坏了，所以我也想逃跑！尽管我当时年龄很小，但是很容易明白事情就要变得越来越糟了。当然，如果你没有意识到这一点，我们还可以在自己的路上走，而那不好的路标也很快就要出现啦……就是现在。

但是，在决定要从旁边走过去还是停止的时候，让我们快速地检测一下，回顾一下我们曾经走到过什么地方？我们从投资成功的秘密开始了这次旅程：弄清楚公司的价值，然后支付更少的钱买下它。不幸的是，最终证明，清楚计算一家公司的价值真的是太困难了。弄清楚一家公司接下来的一个季度或者接下的一年到底能赚多少利润，也十分困难，此外我们还必须弄清楚未来10年、20年或者30年的盈利情况。即使我们提出了对这些问题的看法，但未来盈利、增长率和贴现率（反映我们对盈利预测的信心水平）这些估计的微小变化，都会使价值估计的最终结果发生很大变化。

其他方法，诸如相对估值、并购估值、清算估值和分部估值分析都很难使用，而且经常会导致企业估值结果产生很大的偏差。甚至当我们简化一些东西，对投资的选择和无风险收益率之间相互比较时，我们仍然需要依赖准确的估值并且需要对这些估值有很强的信心。毫无疑问，对一家公司甚至对上百家公司做出盈利的估计、风险的评估和投资的比较，并且还要做得好，这真的是太难了。

事实上，本杰明·格雷厄姆在他的《聪明的投资者》中就提醒个人投资者不要尝试独立分析个股，不要认为他们仅仅通过投资过程中的"一点额外的知识和聪明"就能成功。他建议，应该认识到你只能"比正常结果略好一点,并做好心理准备,你可能会做得很差"。

另一方面,对于我的 MBA 学生而言,幸运的是他们可以花费大量时间去努力并且不断地学习,他们可以做大量的事情来改变这个游戏,并克服这些投资挑战带来的一些困难。但大部分专业的资产管理者不会那么幸运,他们不会(或者无法)利用其中任何一个方法。所以,我们将要看看他们采用的其他方法。但是,如果遇到杰克·尼科尔森说:"你不能操纵事实!"㊀那就又到了"如果我是你,我就立刻往回走"的时候了。

好的,我很高兴,你现在还在读。那么,下面就开始介绍我们刚才所说的,专业投资者所做的工作。大部分决定不亲自做投资的个人投资者,还有那些想要专业投资人帮他们进行投资的人,他们把钱放到了共同基金里。可能有些人还不了解共同基金,共同基金是一个投资工具,可以将许多投资者手里的钱集中到一个基金当中,并由专业的基金经理(或者一个管理团队)来管理。一般来说,投资者可以选择主动管理型的基金和被动管

㊀ 来自 1992 年的影片《义海雄风》,是指坏人虚张声势地吓唬。——译者注

理型的基金。通常，主动管理型的基金通过购买一个能跑赢股票市场指数的股票组合，来试图战胜市场。被动管理型的基金经常是通过指数的方法实现，其策略是通过购买指数中所有的股票或者其中大部分股票，使基金复制一个特定的股票指数的回报（例如标准普尔500，或者罗素1000指数）。这种基金的管理费通常很低（甚至没有管理费）。

本章的目标是，讨论一下主动管理型的共同基金和尝试击败市场的基金经理（也许我们可以弄清楚怎么得到市场平均的收益率）。在开始以前，尽管我要讨论一些问题，但我们也首先应该明白大部分的共同基金经理都是工作非常努力的专业人士，并且都是非常好的人（至少跟我相处的时候是这样）。问题是他们的工作却是非常艰难，让我们来看一看这是怎么回事。

下面是一些大致的情况。大部分主动管理型的共同基金根据基金的总规模收取管理费，经常是管理资产规模的1%～2%。这意味着一个基金管理的资产越多，那么其基金公司所能赚取的管理费就越多。正如你所想的一样，这种聚集更多的资产来管理的动机其实并不一定对投资者有利。

在上一章中我们已经讲到寻找小公司投资是一个优势。对大的基金公司来说，经常因为这些公司太小而难以买入，对华尔街的券商来说，因为这些公司太小他们也不会花钱对其进行研究。缺少其他购买者的竞争和华尔街的研究，这意味着在这些少有人关注的小市值公司当中，有很大的机会去发现折价股。因为我们已经知道在美国和其他国际市场上有数以千计的小企业市值低于10亿美元，所以小投资者具有很大的优势。能够拥有数以千计的缺少大型投资者竞争的更多的投资选择，这是一件非常难得的事，像沃伦·巴菲特那样成功的投资者，希望他们仍然拥有这些投资机会。然而，大部分共同基金的目标就是尽可能地聚集更多的资产。一旦某一个共同基金非常成功，说明它有很大可能已经管理了数亿美元或数十亿美元的资金，就不能再利用那些小型的投资机会了。

下一个问题是，大部分主动管理型的共同基金在投资组合中持有50～200只股票。我们刚刚花了很多时间来讨论，做好公司估值的工作是多么困难。深刻理解一家公司和它的行业，能够预测其未来的盈利、增长率及贴现率，即使仅仅对一家公司来说这也是一个非常艰难的挑战。在任何时间里，要求对很多公司都有这样深刻的洞察力，可能超过了任何共同基金经理或管理团队的能力所及。但问题还不止这些。能够有效估值的大部分公司可能无法在有吸引力的价格水平上买到。共同基金如果能从中获得很好的业绩回报，那么至少一些公司能够被有效地估值并且市场价格处于折价水平。因为找到能够被准确地估值，又可以以便宜价格购买的公司非常困难，即使找到少数几家也是很困难的，那么有一点就很清楚了：如果一只基金拥有20个或50个最优之选，那么这些股票就不可能给投资组合带来太多的额外收益。

但是大部分共同基金都有很多理由要持有那么多的股票。首先，他们认为持有一个由许多股票构成的多样化的组合是一个优势。个人投资者很难去购买或者跟踪一个有50只或200只股票的投资组合。专业化管理的共同基金拥有广泛多样化的组合，可以提供大部分个人投资者很难复制的一种服务。这样的多样化可以确保一些坏的股票选择不会对整体投资回报产生重大的负面影响。（同样这种多样化也确保了许多好的股票选择对整个股票组合的回报不产生重大的正面影响。）

其次，还有各种各样的管理规定和特别限制，鼓励共同基金持有几十只或者上百只股票。一些规则要求，特定的股票仓位要少于整个基金资产的 5%，还有规则限定一只基金持有某一家公司的股份不能超过在外发行流通股的 10%。在大多数情况下，购买一家公司流通股的 5% 都是非常困难的。如果基金在一家公司的股票上拥有很大的仓位，买入股票时可能会显著地推升该股票的价格，卖出股票时也会显著地打压该公司的股价。实践中，这经常会使那些拥有数亿美元或数十亿美元资产的基金仅仅去买一些更大市值的股票，并且大部分只持有更小的仓位。

市场上有一些专门投资小市值公司的基金，对它们来说，必须买入一个由许多股票构成的投资组合。虽然设计出这些基金的目的是为了利用数以千计的小公司中的投资机会，但他们一般也会被迫购买几十只甚至上百只小公司的股票。因为每一个股票规模都很小，所以不可能在特定的一只股票中投入大量资金。结果，少量的非常棒的股票投资想法经常会被持有的 50 只或者上百只不具有吸引的股票所稀释,那么在小股票当中寻找投资机会的优势就丧失了。

共同基金选择持有几十只或上百只股票的主要原因是非常简单的:它们不喜欢损失。评价大部分共同基金的标准是,它们能否击败特定的市场指数。在上一章中,我们讨论了一个方法来做到这一点:就是集中投资于少数最优的股票上。正如我们刚刚所讨论的,专门投资小市值股票的基金不能真正做到这一点,因为每一只股票的规模都太小了。但是那些主要投资在大市值股票上的基金能够做到这一点。通过努力工作、产业经验和特别的洞察力,有才能的基金经理在大市值股票中仍然能够找到折价的股票(尽管比在小市值公司中寻找机会更加困难),并在其中投资数十亿美元。但是很少有基金经理敢冒很大的风险做到这一点。

组合中如果只有 10 只或者 20 只股票,那么投资回报可能跟那些拥有 500 或者上千只股票的市场指数之间有很大的差异。正如你所预期的那样,拥有数百只大市值股票的投资组合,常常跟指数的走势非常吻合。拥有 10 只或 20 只优质之选的投资组合,有机会表现得优于指数，但是不幸的是也有机会低于指数。即使那些非常有天赋的基金经理，他们有很好的选股能力，在一段很长的时间内也会落后于市场指数。事实上，对一个集中持股的组合而言，这几乎是一定的。

但在现实中，如果基金经理在2年或3年中投资业绩低于市场指数，就有很大可能会失去他的大部分投资者！大部分投资者都无法弄清楚，哪些业绩低于市场指数的基金经理是因为运气不好或者择时不佳，哪些基金经理落后是因为不良的投资流程和缺少天赋。大部分人根本不会呆呆地等着弄清楚到底是什么原因。就像胆小的狮子一样，他们只是掉头就跑！没有投资者就意味着没有生意！长期来看，集中投资的股票组合可能是击败市场指数很好的方法，但是在短期时间范围来看，对基金经理的业务和职业生涯也带来很大的风险。结果，在共同基金行业中，只有很少数勇敢的人选择集中持股这种投资方式。对大多数基金经理来说买入一个由很多股票构成的多样化的组合更加安全，这样的组合可能更紧密地反映主要的市场指数，并且很少有可能会显著地落后。

正如你怀疑的一样，特殊事件投资（special situation investing）的故事情节与此非常类似。明显地，每一个事件冲击中，公司都会经历不同寻常的某种特别的变化。许多涉及小公司或者机会有限，无法投入大量资金。因为这些事件只是一次性地进行估值和研究，需要一些特别的分析技巧，经常因为规模太小，大型基金很难受益，很少有基金经理能够花费必要的时间和精力去利用这个领域的投资机会。

换句话说，实际上，大部分共同基金经理将击败市场指数的最好机会拒之门外，他们不能利用数以千计很少有人研究的小市值股票中可获得的机会。因为实务操作和商业模式的原因，大部分共同基金经理不能将持有的投资组合集中到最佳的想法上。正如我们刚刚讨论的，对于特殊事件投资，他们也基本上置身事外！总而言之，大部分基金经理无法摆脱持有一个 50～200 只股票组合的命运，并且该组合由大市值并被广泛研究的股票构成。

结果是可以预测的：大部分人都不能击败市场。事实上，因为还有管理费，大部分基金指数甚至比不过市场指数。一般来说，随着时间的流逝，主动管理型的基金跑输被动管理型的基金,差额大约就是他们多出的管理费。

但是对投资者来说,情况就更糟糕了。大部分投资者对主动管理型的基金选择投资组合股票的原因和过程一无所知。正如我们所看到的那样,每一个投资决策都涉及大量的预测和假设。投资者仅知道的是某一个特定的基金过去几年的业绩如何。过去是否打败了市场?是否击败同类型的基金?因为所有的投资者都能清楚地看到最终结果,这就是他们过去做出投资决策的依据。

不幸的是,事实证明依据近期业绩的好坏做出投资决策,并不是一个聪明的办法。即使专业的资产配置者似乎也追逐近期业绩比较好的基金投资,并从业绩较差的基金那里撤走资金。有少数研究跟踪这些大型"专业"的资产配置者(如基金会、捐赠基金和养老金计划),分析他们雇用和解雇投资经理的决策。结果并不太好。[⊖]

⊖ AmitGoyal 和 Sunil Wahal, "The Selection and Termination of Investment Management Firm by Plan Sponsors", *Journal of Finance*, Vol.63, No, 4, August 2008(这个研究跟踪了 3 400 个专业投资者);也可参见 Stewart, Neuman, Knittle 和 Heisler, " Absence of Value:An Analysis of Investment Allocation by Institutional Plan Sponsors", *Financial Analysts Journal*, November/December 2009.

大部分基金经理被雇用是因为他们近期业绩较好。大部分被解雇的基金经理是因为近期业绩低于市场指数。⊖总而言之,这些"专业"的基金配置者如果什么都不做,结果会更好。在雇用和解雇决策之后的一年中,最近被解雇的基金经理业绩显著地超过市场水平,而最近被雇用的那些则根本没有达到市场水平。

这就是那些"专业"的人如何选择基金经理的!个人投资者所做的决策甚至更差。过去几年业绩最佳的共同基金的业绩超过了年化收益率的18%(顺便说一句,这个基金集中持有不超过25只大市值股票构成的投资组合)。因为在2000~2009年期间,以标准普尔500衡量的市场指数实际上每年下降接近1%,所以这个结果令人印象非常深刻。但是投资这个基金的普通投资者,在这10年中平均每年损失11%。⊜怎么会这样呢?因为每当共同基金做得很好的时候,就有许多资金投入其中。每当这个基金业绩表现很差的时候,投资者就会匆匆撤走资金。

⊖ 在雇用前两年,基金经理超额业绩为7%;在解雇之前,他们的业绩低于指数2.1%。

⊜ 引用晨星公司的研究,来自 *Wall Street Journal*, December 31,2009. "Best Stock Fund of the Decade".

所以普通投资者即使投入了业绩最佳的基金，但是仅仅在错误的时间买入和卖出这个基金也会损失很多钱！⊖在这个极端的例子中，个人投资者遵循了和专业投资者相同的行为模式。当市场低迷或者基金经理业绩很差的时候，他们就会撤出资金。只有当市场上涨之后或者基金经理的业绩表现突出的时候，他们才会投入资金。

一般来说，因为很差的择时决策（包括市场的波动和基金经理的决策），再加上管理费的拖累，投资者的收益甚至比不上市场指数。你可能直觉上认为，如果把每个人的回报都加总在一起，那么最终的结果一定是指数。但是在2009年结束的过去20年中，标准普尔500指数的投资收益率是8.2%，但是共同基金投资者的收益要远低于这个水平。一项研究认为，大约是这个数据的2/3，另外一项研究认为，只有这个数据的一半。⊜其余的收

⊖ 这个基金的投资回报是非常可观的，这也使该基金比其他基金有更大的波动性（尽管对于一个集中持股的基金是预期之中的事情）。

⊜ 见"Quantitative Analysis of Investor Behavior", Dalbar, 2010; Firesen and Sapp, "Mutual Fund Flow and investor Returns: An Empirical Examination of Fund Investor Timing Ability", *Journal of Banking and Finance*, Vol, 31, 2007.

益因为管理费和糟糕的择时决策而被浪费。在过去 20 年中，这些损失的回报（甚至即使用那 2/3 的比例来估计）也达到了原来获利的一半。㊀

在糟糕的市场择时方面（我们稍后再处理这个问题），非常清楚的是，专业人士和业余选手在选择主动管理型基金经理时，都吃过很多苦头。即使是在基金评价业务里最有影响力的星辰评级公司都坦诚地承认，基于管理费更低来预测基金未来业绩是否良好，可能比他们专属的评级系统更加有效。㊁是的，即使有这些不好的方面，在过去 30 多年中，仍然有大约 30% 的主动管理型基金超过了标准普尔 500 指数。那么是否有办法提前发现这些人呢？

嗯，这有可能，但需要具备克服许多重大障碍的能力。让我们来看看在过去十几年当中排名在前 1/4 的（业绩最好的前 25%) 基金经理，㊂这些业绩最好的基金经理（96%）10 年中至少有 3 年的时间业绩排名处于落后的

㊀ 起初投资 1 美元你将会赚 1.89 美元，而非 3.38 美元。
㊁ "How Expense Rations and Star Rating Predict Success", *Morningstar Fund Spy*, August 9,2010.
㊂ 引自：Davis Advisors (1/1/00-12/31/09).

1/2。更能说明问题的是，其中79%至少有3年的时间业绩排名处于后1/4（最后的25%），并且令人吃惊的是其中有47%至少在3年的时间业绩排名在最后的10%。换句话说，即使业绩最好的基金经理也需要很长一段时间才能度过他们业绩的低迷期。

不幸的是，这是非常合情合理的，因为试图击败市场（用标准普尔500指数来代表市场），你必须投资不同于市场趋势的股票。至少你不可能用与投资市场指数一样的股票和一样的仓位，还能击败指数！即使基金经理非常有天赋，他的策略非常有效，但是股票总是在不同的时间里以不同的方式波动，所以通过与指数不同的策略来取得长期优胜的业绩，几乎总是伴随着漫长的业绩低迷期。因为几乎所有的投资者都追求短期的业绩最佳，避免短期的业绩低迷，那么毫无疑问他们很难坚持与这些基金经理同舟共济，即使是有着最佳的长期业绩的基金经理。

尽管可能已经太迟了，但在你厌倦之前，还有最后一个问题。（我提示你，你正在从那个邪恶的标志旁边走过！）和我们刚才讨论的一样，不远的过去获得成功的共同基金经理经常会吸引大量的投资者（毕竟很难将钱交给那些过去不太成功或者业绩一般的基金经理！）。问题是，一般来说，管理大量资金是非常困难的。当基金规模很小时，可以利用一些小型的机会。基金经理有很大的选择空间，就有更多的机会去发现折价股。更小的规模仍然对小型基金的股票组合有着重大影响。另外，如果基金经理既可以选择大市值的股票也可以选择小市值的股票，一般他可以更加集中持有自己非常喜欢的股票。有能力去投资小市值的股票，也意味着基金经理不用被迫将他的投资分散到大量的股票当中，所以也不必被迫将优选的股票名单缩短。

但是，一旦数亿美元或数十亿美元的资金投入基金之后，投资的做法就必须改变。很多时候，更小的规模和投资机会帮助基金经理成功，并吸引到大量资金，但现在因为这些机会太小，对投资业绩无法产生重大影响，不再被提及和讨论。

如沃伦·巴菲特所说，"管理资金量小是巨大的结构性优势。如果给我100万美元，我想我可能一年会赚

50%，不，我保证能赚 50%。"⊖ 当然，我们所有人都宁愿有数十亿元，每年收益不到 50% 也可以，但你应该理解这个基本理念。投资业绩表现最好和吸引了大量资金的基金经理，可能是最后一把豪赌获胜的好方法，但并不是在未来击败市场的好策略。

总结

1. 你不应该忽略那个标志。
2. 考虑到整个系统的运行方式，主动管理型的基金经理们很难击败市场。
3. 考虑到专业投资者和个人投资者的投资方式，他们很难坚持投资某个基金经理，即使是最佳的那个。根据定义，获胜的策略必须战胜市场指数。结果几乎所有优秀的基金经理都会经历一段业绩低于指数的时期。几乎所有的投资者都会从业绩表现不佳的基金经理处撤资。
4. 当我们发现谁是最好的基金经理时，他们旗下的基金通常已经聚集了大量资产，使他们很难继

⊖ 沃伦·巴菲特，引自 *Bussiness Week*, June 25,1999.

续坚持最初获得成功的策略。(十年熊市中业绩最好的基金与下个十年中业绩最好的基金没有任何相似之处,这可能是一个原因。)

5. 给股票估值很难,选择成功的基金也很难。这就是给小型投资者的大秘密吗?(别担心,如果只有这些内容,我的出版商就已经把我杀了。)

针对高级读者

(也欢迎那些非常有耐心的人阅读)

有件事总是困扰着我,就是尝试给基金经理业绩排名,有一个如何对标的问题。对标是指在不同时期比较基金经理的业绩和一个特定的市场指数,或者其他相似投资类型的基金经理的业绩。和我们之前讨论的一样,基金经理的挑战是给公司估值(对非权益投资的基金经理而言是指特定的证券),如果股价相对合理价值存在一个很大的折扣,那么就买入。即使是最好的基金经理和管理团队也不可能做好所有公司的估值工作。某一时期我们期望一个主动管理型基金经理所能做的最好的工作是,坚持在他经验丰富的领域中投资,做好少数的十几个公司(或者投资机会)的估值工作(工作量很大)。

正如我们之前讨论过的，一个机会在被认为是好的投资机会之前，选择的股票必须符合标准，即能够击败从美国国债获取的无风险收益率（当10年国债收益率低于6%时，我们的定义是，随着时间的流逝，该股票每年至少有6%的收益率；当国债收益率高于6%时，该股票收益率应该更高）。投资收益率必须超过无风险收益率足够多，以此来补偿公司未来盈利的不确定性。换句话说，所谓好的投资，投资回报必须在补偿增加的风险之外再多一些。

能够确认超过无风险收益率足够高的投资机会，并且能够补偿所承受的风险，这是一项非常有价值的技能。这项技能主要来自擅长给企业或者股票估值，然后仅在特定投资对象比计算价值有足够大折价的时候买入，并遵守这个原则。因为随着更长的时间过去（经常是指几年时间）市场一般会给予合理的估值，好的估值工作一般会带来以公允价格出售的机会。

但困扰我的是下面的问题。有天赋的基金经理锁定了好的投资品种（上面所说的那种），但可能仍然不能击败市场或者他的竞争对手。有时，市场上其他竞争者可能买到了比我们的基金经理选择的股票折扣更大的股票（因为我们的基金经理只会选择他有能力和精力去估值的股票）。他组合中的股票价格也许比市场或者其他竞争对手有更多或者更少的波动性。无论如何，我们的基金经理可能成为一个超级明星。在风险系数调整之后（考虑到我们的基金经理股票估值的水平），他可以成为世界上最佳的投资者。他的对标对象不应该是市场指数或者其他基金经理。评价所承受风险的依据不应该是组合的波动性。对标评价的应该是在相当长的时间内，他的投资能力带来的高于无风险收益率的回报，并且需要根据承受的额外风险做出调整（假设我们有能力评估他的分析过程是否正确，对其风险进行估计）。这并不能保证，他的投资回报率会比市场水平更好。这只意味着他具备特定的才能，即持续带来的投资价值超过了所承受的风险。⊖

你可以想象一下，一些基金经理必须在短期的基础上与股票指数基准进行竞争，受此影响，其他基金经理可能会从纯粹寻找好的投资机会中分心。像以前讨论过的那样，他们可能必须做出一些妥协（诸如买入很多股票或者模仿其他人的做法），以避免落后太多或者影响他们的业务收入。在20年或者30年稳定的业绩表现之后，尽管投资路上障碍重重，

⊖ 换句话说，有才华的基金经理能在承受很低的风险情况下每年赚10%，即使在风险调整之后也很容易击败无风险收益率。即使同一时期市场每年上涨12%，这也是很好的业绩。为什么？如果10%的业绩是在严格原则和估值工作下取得的，可以比市场12%的回报率更加确定。

使用错误对标基准来衡量业绩的评价体系，我们仍然能找到明星基金经理（如果他仍在从事这项工作）。然而，在那个时点上，这个发现可能不再那么及时和有用。多可惜啊！

哎，回到真实世界吧。虽然我们现在有一点明白应该寻找什么，但仍然不能提前发现明星基金经理。他们有一定的共同特征，但不幸的是，没有"当我一看见他们就能发现他们"这类的特征。但是不要担心，我们仍然能够学会击败市场和几乎所有的主动管理型的基金经理。虽然方法不够完美，但一定值得学习！所以，让我们接下来看看……

| 第 7 章 |

比指数基金更好的选择

THE BIG SECRET FOR THE
SMALL INVESTOR

我花了 7 年的时间参加夏令营（每年都参加）。对很多人来说，这听上去并没有什么特殊的，事实确实如此。当然，我们没有最好的设施，食物也很难吃，虫子生活在自然栖息地上。但是我们整天都去运动，如果今天上午你没有赢，那么下午就玩另外一个游戏。如果今天状态不好，那么明天就远离水龙头和起床号。那简直像天堂一样。

不过，棒球场有些难对付。在左半场有一个陡峭的山坡，所以左外野手的左脚不得不站在平地上保持平衡，然后把右脚放在那个山坡上。右半场也不那么好。一棵大树笼罩着场地，所以球员必须计算清楚，球将要从树枝间哪个方位穿过去。说到中场，那里恰好聚集了很多棱角伸出地面的大石头，所以熟悉场地非常重要（在玩足球的时候就更重要了，因为足球场上中锋的数量要多一倍的）。

好吧，夏令营并不完全是天堂[⊖]。但是我们学会了如何处理那些困难和不完美（除了那些虫子无法解决），最后我们玩得很开心。这些正是我们现在应该尝试去做的。我们必须克服很多障碍、自身的缺点，还有不平整的游戏场，但是最后我们能够成功。如果你认为击败市场和大部分专业的基金经理就是胜利的话，我们很可能会在胜利的计分表上增加一分。

但是我们如何做到这一点呢？正如之前所学的一样，如果不能弄清楚一样东西的价值，然后又不能用聪明的价格把它买下，那么怎样才能成功呢？对于大部分投资者来说，弄清楚一个公司的价值是根本做不到的——把这个工作做好实在是太困难了。那么找一个专家来帮我

⊖ 我最喜欢《阴阳魔界》中的一个片段，摩托车手和一对老年夫妇在看这对夫妇在墨西哥度假的冗长不堪的幻灯片。结果是：一个人的天堂是另一个人的地狱。尽管他们身处同一个地方，但那对老年夫妇如同身处天堂，摩托车手却如坠地狱。

们做这件事又怎么样呢？对不起，我们已经说过了。因为管理费和业务运行方式的原因，大部分主动管理型的基金经理业绩低于市场水平。对于少数击败市场的那些，我们没办法提前找到他们。而在他们业绩非常不错之后找到他们，根本无济于事，因为他们大部分无法持续跑赢市场。那么答案究竟是什么呢？

对许多个人投资者来说，常见的有效解决方案是买入众所周知的指数型基金。这些基金是为跟踪一些流行的指数而专门设计的，并且收取很少的管理费。标普500指数（S&P 500）由大约500只大型的在美国上市交易的股票构成，它们由标准普尔公司选定，代表广泛而多样的企业和行业。另外一个流行的指数是众所周知的罗素1000指数（Russell 1000），由1 000只大型的美国上市公司的股票构成。此外，还有很多其他类型的指数来覆盖小型公司、国际化公司，以及特定产业的公司。

但是目前为止，最流行的指数是那些覆盖大型公司的指数。当人们谈到击败市场，他们经常是指击败类似于标普500或者罗素1000这类的指数。当人们选择去投资美国的指数基金，同样地，大部分钱会投向以这两个指数或者它们的替代品为基准的指数基金当中。这些指数的真实情况是怎样呢？

其中最重要的是，标普500指数和罗素1000指数都是基于个股市值编制的。换句话说，它们是市值加权的指数，仔细研究这种编制方法的意义很重要。虽然罗素1000指数大致上由1 000只大型公开上市的美国公司的股票构成，但是这1 000只股票在指数当中的权重并不相同。大市值公司在指数中的权重更大。所以成分名单中个股对指数的影响，市值排在前列的公司比市值排在后面的公司影响更大。

这是一个必须理解的极为重要的因素。举例来说，标普500指数500家公司中市值最大的20家仅仅占成分股名单数量的4%，但是这20家公司却相当于整个指数市值的1/3。标普500指数中最大的公司大约占整个指数的3.5%，同时最小的公司仅仅占指数的1%的8/1 000（0.008%）。换句话说，对这些指数而言，公司规模是至关重要的。

但是这也说得通，在很多方面，这是很有用的。如果我们想知道所有美国股票投资者的整体收益如何，罗素1 000这样的市值加权指数就是一个很好的指标。这1 000只股票大约代表了整个美国股票市场所有上市公司市值的90%。如果指数上涨了5%，就意味着投资者持有的全部美国上市公司股票的总市值上涨了大约5%。所以整体来说，如果你想知道市场表现如何的时候，指数是一个很好的选择。

但更重要的是，如果你想击败大部分主动管理型的共同基金，这也是一个很重要的选择。我们已经讨论过，主要是因为有平均1%～2%的年度管理费，所以随着时间的流逝，大约只有30%的主动管理型的基金经理能够击败罗素1000或者标普500指数。㊀因为提前发现那些优胜的基金经理是非常不可靠的，所以很可能应该投资指数。有很多低成本的方法来投资这些指数，既可以通过共同基金，也可以通过一种被称为ETF的封闭式共同基金。㊁市场加权方法的诸多优点中最好的一个是执行效率较高且执行成本很低。指数中的股票价格上涨了，

㊀ 两种指数长期回报几乎是相等的。
㊁ 我们稍晚会讨论 ETF 基金（exchange-traded funds）。

那么它们的权重也根据股票价格的上涨而自动得到了调整——不需要额外的交易。当指数中的股票价格下跌时，其市值就会立刻下降，不需要任何其他的交易就反映在指数中了。结果，事实上，这些基于指数的共同基金的费率能做到低于每年0.1%。

在说"案情告破，让我们以后就买指数基金吧"之前，我们应该再看看沃伦·巴菲特的导师和公认的"证券分析之父"本杰明·格雷厄姆的观点。我们最开始提到他是在第2章，当我们讨论边际安全的概念时（你购买的价值和付出的价格之间要留下一个很大的空间）。此外格雷厄姆也给我们提供了一个非常著名的比喻，用来思考股票价格的波动。他认为在关注股票价格波动的时候，可以想象我们有一个生意伙伴，他非常情绪化，名字叫"市场先生"。

市场先生受情绪波动的影响。他每天提出报价，在特定的价格下购买我们的股票，或者卖出他持有的股票。当市场先生心情非常好的时候，他提供的股票价格远高于公司真实的价值。格雷厄姆说，在这些日子里，将我们的股票卖给市场先生可能更加合理。在那些市场先生心情很差的时候，他会给股票提供一个很低的价格。在这些日子里，我们可能想去利用一下这位疯狂的伙伴，买一些市场先生卖出的股份。

格雷厄姆的意思是市场是很情绪化的。它们经常变得极端乐观或者极端悲观，那么价格也经常会在短时间内疯狂且显著地波动。（如果你对此有疑问，那么请选择一只个股观察其在过去52个星期内价格波动的幅度，就可以快速地确认这一点！）但是格雷厄姆指出：一家公司长期价值是不可能经常变化的，并像股票价格波动所表现的那样剧烈。这些情绪化的价格波动，有时就会让股票价格相对于其潜在的商业价值而言，产生一个很低的折扣（或者一个很高的溢价），那么这个机会就会被关注公司价值的投资者所利用。事实上，巴菲特认为格雷厄姆对投资思想两个最重要的贡献就是，提出安全边际的思想和用市场先生的比喻来对待股票价格波动的思想。

那么这些跟指数基金有什么关系呢？当然有关系，事实上关系很大。下面就是原因。如果格雷厄姆和巴菲特是正确的，那么至少有一段短期的时间，股票的价格会更多地反映情绪，而不是价值。换句话说，有时人们为特定的公司或者产业的前景而兴奋，并且给这些股票支付了过高的溢价。同时，投资者也经常会对一些公司或者行业过度悲观。这些股票可能超卖并且价格远低于合理价值。那么市值加权的指数，如标普500或者罗素1000是怎么处理这种情况的呢？

处理得并不好。记住，市值加权指数给那些价格上涨的股票更大的权重，给那些价格下跌的股票更小的权重。当市场先生对特定的公司过于乐观并付出溢价的时候，那么这些公司在指数中的权重就增加。结果，拥有相同股票的指数基金最终会提高这些已经高估的股票的权重。如果市场先生对特定的公司或者行业过度悲观，那么相反的情况就会发生。这些公司的股票价格就会降到合理价值之下，指数和相应的指数基金实际上会拥有更少的折价股。

事实上，结果是拥有太多溢价的股票和太少的折价股票，这已经成为指数加权方法固有的一部分。并且，当股票价格上涨时，指数当中就会拥有更多的这些股票；当股票价格下跌时，拥有的就越少。所以在20

世纪90年代末期，当互联网公司股价和市值高涨的时候，主要的市场指数给这个过度溢价的板块太大的权重，这些股票变得越昂贵越溢价，指数持有的就越多。这与投资者应该要做的事情恰恰相反。另一方面，许多传统行业的公司有着稳定的盈利和良好的前景，但都被市场忽视了。许多这类公司的价格都低于合理价值。不幸的是，市值加权指数的结果是持有这类折价的公司比例太少——股票市值下降使得它们在指数中的权重太低了。

实际上，如果市场情绪的确让一些股票过度溢价，让另外一些折价，那么市值加权指数一定会让我们有一个很差的投资组合。甚至不必去区分哪些股票溢价，哪些折价，只要我们知道至少有一些股票是相对它们合理价值被错误定价的话，那么在市值加权的权重就会保证买了太多的溢价股和太少的折价股。

另一方面，如果股票基于当前可获得的信息被有效定价的话（就像20世纪70年代教授教给我的那样），市场加权指数就应该运行得很好。我们就会持有每一种股票正确的数量，股价和市值就会准确地反映每一家公司

真实的价值（在投资者可获得信息的基础上），那么，股票在指数中的权重就会是正确的。○

当然，我只想说，我是站在格雷厄姆、巴菲特和常识这边的。我们曾经花了大量的篇幅讨论，如果公司未来盈利、增长率和贴现率这些假设发生微小的改变，将会使特定公司的估值产生多么巨大的变化。所以一些乐观情绪会推动股票价格高涨，或者少许悲观使投资者认为股价低迷是合理的，这些其实并不令人感到意外。如果我们认为股票有时会因为情绪的原因被错误地定价，那么一个合理的做法就是构建一个不存在市值加权方法固有缺陷的指数。更重要的是，这个指数不应该拥有太多的溢价股或者太少的折价股，可以比市值加权指数提供更好的长期投资回报。因为市值加权指数本身有很多

○ 当然，我的教授并不认为所有股票都被公平地定价了，因为很大程度上未来是不确定的。他们只是认为所有当前可得的信息已经被反映到股价中了。因此，新的情况可能会驱动未来的股价上涨或者下跌；只是新的情况是不可预测的，所以未来价格变动是随机的。所以最后股价以随机的方式上涨或下跌。他们认为，在指数中，这些变动将会相互抵消，整体上指数是被公平定价的。（哦，还是忘记它吧！这都是胡言乱语！你最好只知道有时市场先生会搞得一团糟，市值加权指数会系统性地买入过多的昂贵的股票和过少的便宜的股票。

缺点，随着时间的流逝，看上去很难击败大部分主动管理型的基金经理，这的确令人们非常兴奋。

有一个简单的解决方案，看上去显而易见。如果我们在指数中给所有的股票赋予相同的权重会怎么样呢？使用这种方法，我们可以减少因为情绪导致错误定价所带来的偏差。那么对于标普500，我们在指数中仍然持有500只股票，但是它们的权重都是相等的。无论市值大小，每个公司在指数都代表0.2%（1/500）。当然，我们仍然拥有太多的溢价股和太少的折价股，但与使用市值加权指数的情况相比，我们拥有了更多的折价股和更少的溢价股。随着时间的流逝，与其像市值加权指数那样系统性地买入太多的溢价股和太少的折价股，不如使用等权指数（equally weighted index），价格错误将会是随机的，随着时间的流逝可以相互抵消。事实上，已经有一些证据表明等权指数确实会改善投资回报。

在过去的20年中，至少从理论上来说，标普500指数等权指数确实超过了市值加权指数，在扣除费用之前平均每年跑赢 1.5%～2%。[一]但不幸的是，你不得不继续阅读下去，因为事实并没有这么简单。等权指数方法也有一些问题。首先，因为股票的价格每天都在波动，这些等权指数经常会运转失常。如果某日你的组合中每只股票只持有 0.2%，如果有一些股票的价格上涨、有一些股票的价格下跌，或者个股上涨或下跌的总额不同，起初的等权就不再等权了。

在一个等权组合中，为了始终保持等权，必须持续地再平衡。随着股价的变化，必须进行调整，这可能导致太高的股票周转率、交易成本和税费。并且，指数中一些小股票并没有那么好的流动性。(在标普 500 或者罗素 1000 中有很多小型的股票，每天交易不了那么多股数，这导致它们很难在不影响价格的情况下买入或者卖出。)结果，估计有超过了 10 万亿美元的资金投资在市场加权指数中，只有很少的一部分转投到等权指数中，表明这个策略很难执行。从另一个角度来看，大部分人还

[一] 一些研究表明，过去的 80 年情况也是如此。见 Edward F. McQuarrie, "Fundamentally Indexed or Fundamentally Misconceived," *Journal of Investing*, Winter 2008.

没有转投,所以请毫不犹疑地去投资吧。㊀

但是在你买入之前,要考虑一些其他的选择。等权指数股票并不是唯一能克服市值加权指数固有缺陷的方法。还有基本面加权指数法(fundamentally weighted index strategies),相比简单地将所有股票等权处理的指数而言,它有许多明显的优点。这些方法与市值加权方法不同,后者是根据市值大小来决定指数中每只股票买入多少,前者使用其他衡量经济规模的指标。公司大小可以通过销售额、利润、账面价值(本质上是其资产减去负债)、红利或者其他经济规模指标或组合来衡量。这些指标背后的思想是避免使用市值加权方法带来的问题。因为股票价格有时反映的是市场先生的情绪(经常促使我们投资特别昂贵的股票和太少折价的股票),所以在基本面指数中衡量公司大小的指标(如总收入、利润或者账面价值)根本不受股价的影响,这是一个优势。

根据反映经济活动的属性而非市值来确定股票在指数中的权重,这样产生的指数仍然倾向于给大公司更

㊀ 一个潜在的选择是 Rydex S&P Equal-weighted ETF(简写为 RSP),年费用率大约 0.4%。

大的权重。根据更多销售收入、盈利等指标给予大公司更大的权重，这样做的好处是，基本面指数终于成比例地持有股票，相比等权指数对整体市场和经济具有更好的代表性。在许多方面，这也是很有意义的。有些行业，比如石油行业有10家非常大的公司，另一个行业如零售业有47家很小的公司，仅仅因为零售业公司数量较多，等权指数就给零售业比其自身行业规模更大的权重。根据各种经济规模指标赋予权重可以避免这个问题。

尽管基本面加权指数在大公司上投资更多的资金，但它也设法避免了市值加权指数产生的系统性缺陷。理解其中的原因非常重要。并不是说基本面加权指数不会犯错误。它也会犯错误。有一些公司因为有大量的销售收入、利润、员工或者红利，基本面加权指数可能会给予更大的权重，公司股票可能会被市场定价过高。一些公司可能比其他公司收入和利润都少，该公司的股票可能被低估并且在基本面加权指数中的权重较低。但是这些错误并不是系统性的。在基本面加权指数中，也会有一些折价的公司，因为经济规模较大，在指数中有较大的权重，一些溢价的小公司被指数赋予了较小的权重。

换句话说，因为这些权重根本不受股价影响，所以一般情况下市场定价的错误应该会随着时间的流逝而被抵消。根据基本面大小给予的权重，不会让我们额外赚钱；它只是没有像市值加权指数那样，系统性地给溢价股高权重，或者给折价股低权重。所以从这个角度来说，基本面加权指数取得了与等权指数相似的结果。不像市值加权指数那样系统性地超配溢价股和低配折价股，在基本面加权指数和等权指数中，市场定价的错误被随机分散到指数持有的股票当中。

但是基本面加权指数有一个很大的优势，就是简化了等权。还记得吗？等权指数中最小的公司可能不会太大。因为投资于指数的钱必须均等地分配，我们不得不在那些最小市值公司和最大市值公司上，投资同样多的钱。所以，正如之前讨论的，等权指数无法处理大量的金钱（不错，他可能处理上百亿美元的资金，但是不会超过1 000亿美元的资金！）

另一个方面，公司基本面指标的大小和它的市值大小，经常有很大的相关性。换句话说，有大量销售收入和盈利的公司经常有很高的市值。有很少销售收入或者盈利的公司，经常有很小的市值。结果使用基本面加权决定每个股票购买多少，就会倾向于在大市值公司上投资更多的钱，在小市值公司上投资更少的钱。这样可以让基本面加权指数有效地管理大量资金，比等权指数更加容易。另外，公司的基本面特征（如销售收入、盈利和账面价值）不会像股票价格那样大幅波动，权重不会那么剧烈和经常性地波动。所以不像等权指数那样，必须经常根据股票价格调整权重，不需要做太多的交易来保持股票在基本面加权指数中合适的权重。

假设市场只有 3 个公司

	市值		上一年盈利
公司 A	60 亿美元		1 亿美元
公司 B	30 亿美元		3 亿美元
公司 C	10 亿美元		2 亿美元
所有公司总市值	100 亿美元	所有公司总盈利	6 亿美元

如其名所示，市值加权指数根据股票的市值赋予权重。这个例子中，公司 A 的市值是 60 亿美元，所以在所有股票市值（100 亿美元）中占比是 60%。

市值加权指数

公司 A = $\dfrac{60\ 亿美元}{100\ 亿美元}$ = 指数中权重为 60%

公司 B = $\dfrac{30\ 亿美元}{100\ 亿美元}$ = 指数中权重为 30%

公司 A = $\dfrac{10\ 亿美元}{100\ 亿美元}$ = 指数中权重为 10%

等权指数给所有的股票赋予相同的权重，不考虑规模大小。这个例子中，股票市场中只有3个公司，所以每家占比都是三分之一。

等权指数

公司 A = 指数中权重为 33%

公司 B = 指数中权重为 33%

公司 C = 指数中权重为 33%

基本面加权指数

公司 B = $\dfrac{3\ 亿美元}{6\ 亿美元}$ = 指数中权重为 50%

公司 C = $\dfrac{2\ 亿美元}{6\ 亿美元}$ = 指数中权重为 33.3%

公司 A = $\dfrac{1\ 亿美元}{6\ 亿美元}$ = 指数中权重为 16.7%

对于基本面加权指数，我们使用利润作为衡量经济规模的标准。全部公司的利润为6亿美元,所以利润为3亿美元的B公司在基本面加权指数中的权重为50%。基本面加权指数也经常使用其他一些基本面指标,如现金流、账面价值、销售收入和/或红利。注意基本面加权指数不考虑公司市值大小。

所以最后的结论是,就取代市值加权指数而言,基于基本面的指数是比等权指数更合适的选择。它的优势意义重大。在基本面指数中,公司在指数中的权重比等权指数更多地反映整体经济情况。因为在基本面指数中,大公司经常会有更大的权重,这些指数可以管理远超过等权指数的资金(等权指数要求购买等量的大市值公司和小市值公司的股票)。此外,因为公司的基本面不会像股价一样经常变化,基本面指数比等权指数需要更少的交易。但是,当然,只有在基本面指数有很高的投资回报率时,这些优势才是真正美妙的。幸运的是,有大量的证据证明它们收益不错。

尽管从20世纪80年代以来,产生了各种各样基于基本面的投资组合加权方法,近年来,由锐联资产管理公司(Research Affiliates)和智慧树投资公司(Wisdomtree

Investments）研究构建的基本面指数成为最为流行和广泛使用的指数。事实上，鲍勃·阿诺茨（Bob Arnott）和他的锐联资产研究团队回测了一个基本面加权指数（近年可得的数据），从1962年开始，每年超过市值加权的标普500指数大约2%（扣除管理费用之前）。㊀

锐联资产指数（被称作FTSERAFI 1000指数），是用公司5年平均的现金流、销售收入、股利和账面价值来构建的。基于上述4个经济规模特征指标的综合计算进行排序和加权，买入最大的1 000只股票。因为市值不是权重考虑的一个因素，RAFI指数选择的一些股票比罗素1000指数中的股票规模要小一些；无论如何，几乎所有被选择的股票按照市值都排在最大的1 200~1 400只之中。在纽约股票交易所上市被称为PowerShares FTSE RAFI US 1000组合的ETF基金㊁，可以以合理成本和最少税收的方法来投资这些指数（扣除交易费用之后

㊀ 见 Robert Arnott, Jason Hsu, 和 Philip Moore, "Fundamental Indexation," *Financial Analysts Journal*, March/April, 2005。

㊁ 从税务的角度来看，处理许多ETF基金的方式和处理股票买入卖出的方式非常相似。对于持有期超过1年的ETF获得的利润按照长期资本利得税率来收取（股利将会在发放的时候收取）。

年度费率是0.39%～0.46%)。此外，RAFI还为小市值公司和特定的国际市场创造了其他基本面加权指数。[⊖]

虽然基本面加权指数比等权指数有许多明显的优势，但相比市值加权指数，这两者都可以给投资者提供一个更有吸引力的选择，比如标普500或者罗素1000指数。而随着时间的流逝，市值加权指数可以击败大部分主动管理型的基金经理，这真能说明一些问题。

接下来，我认为能做得更好，让我们来看看怎么做。

总结

1. 随着时间的推移，大部分专业的基金经理不能击败市值加权指数，如标普500或者罗素1000指数。

2. 如果市场先生有时根据情绪给股票定价，那么市值加权指数将会系统性地买入太多的溢价股和太少的折价股。

3. 等权指数不会产生这个问题。

⊖ Wisdom Tree，类似地，使用各种股利和盈利指标构建了基本面加权ETF。

4. 基本面加权指数也不会,并且它们比等权指数还有很多实践上的优势。

5. 但是我认为我们能做得更好。

6. 那么,你怎么让一个傻瓜产生好奇心? ⊖

⊖ 我在后面会告诉你!(只是开个玩笑!)

|第 8 章|

击败市场的指数

THE BIG SECRET FOR THE
SMALL INVESTOR

在 5 英里⊖慈善赛跑中，我正向前跑着。距离有一点长，我比平时跑得稍快一些，整体来说我跑得还不错。但是，大约到了 4 英里的时候，我感到有点累了，而我看到一幅只能说是非常悲伤的景象。他是一位蓬头垢面的老先生，穿着无袖汗衫，可能快要 70 岁了，身体发福了至少 30 磅或 40 磅，他的脚步像鸭子一样拍击着路面。但这并不是全部，他不停地咳嗽和气喘吁吁，像一个经年累月的吸烟者，每一步都迈得那么吃力，踏着那么笨拙的节奏，不清楚什么时间会迈出下一步，或者是否还有下一步。

⊖ 1 英里 =1.609 千米。

更确切地说,我意识到了他竟然跑在我前面!在猛然惊醒之后,我没有把握能否在到达终点之前赢他20码⊖,或者这又成为我生命中一个极为羞辱的时刻,但是无论经历了什么,至少我个人丢脸是为了慈善。我感觉到上一章所说的,和从那位跑步者身上学到的经验有一些相似之处。我能说出或者想到关于市值加权指数的缺陷,但是对于大多数投资者来说,他们仍然很难击败那些指数。由于市场给投资者提供了诸如等权指数或者其他基本面加权指数,这些选择容易获得,结果也可能更好,我认为他们有很好的机会,随着时间的推移能够勉强取胜。事实上"勉强"这个词可能是用错了,因为每一年在扣除费用之后都能额外跑赢1%～1.5%,随着时间的推移也可以积少成多。⊖但正是因为如此,现在我有一个机会来重新审视曾经的一点骄傲,为什么我们不去看看是否有其他的方法,可以击败穿着无袖汗衫的那个人呢。

上一章中,我们讲到了市场先生。正如你所回想的,市场先生是一个偶尔会非常情绪化的人,结果在短期内

⊖ 1码=0.9144米。

⊖ 例如,每年赚9.5%,相比每年赚8%,20年之后收益多了32%。

(这个短期可能持续几年),市场可能对于一些特定的股票定价做出过度的反应,股价或者太高,或者太低。如果目标是买入折价的股票(股票的价格低于它的合理价值),我们可能应该看看是否能够找到系统性的方法,在市场先生过度悲观的时候利用市场先生。

有一种方法可以做到这一点,那就是买入一组市场不愿意付出高价的股票。在第4章中,我们学到了收益率的概念。如果你还记得,我们期望凯蒂糖果店能够在下一年赚1万美元。购买整个凯蒂糖果业务的价格是10万美元。所以付出10万美元来购买的业务,可以每年赚1万美元,我们的盈利收益率是10%(10 000美元/100 000美元=10%)。如果盈利是12 000美元,那么收益率将是12%。所有条件都相同的情况下,如果我们付出10万美元来购买这个业务,我们宁愿每年赚12%的收益而非10%。换句话说,相比付出的价格,我们当然愿意赚更多的收益,而不是更少。让我们来运用一下这个概念。

下一年的盈利总是不确定的。无论如何去年的盈利已经知道了。一种不用猜测未来业绩对公司进行比较的方法是根据它们上一年利润计算的收益率。我们可以使用所有公司上一年盈利数据,将这些盈利和每家公司的价格进行比较,并将这些公司进行排序。具有更高收益率的公司排在最上面,更低收益率的公司排在最下面(或者用另一个方法来思考这个问题——把那些相对于股价赚得更多的公司给予更高的排名,相对于股价赚得更少的公司给予更低的排名)。

让我们花点时间分析一下这个问题。为什么市场会让我们在某一价格水平买到一些公司的股票,其中一些公司基于去年的利润计算收益率可达15%,而同时另外一些公司的收益率仅为5%?当然,为了帮助理解其中的原因,我们使用一些已经学过的知识。最易于理解的一点是当我们最后关注收益率时,尝试弄清楚的收益率是基于未来盈利的。在这里,我建议使用去年的盈利来计算收益率。和之前学过的一样,因为企业的价值来自于它未来赚取的利润,但是没有办法来保证下一年的盈利会和上一年一样多。假设一家公司基于去年盈利的收益率是15%,如果下一年的盈利下降,它的收益率将会下降。另一家公司基于去年盈利计算虽然收益率只有5%,

但是如果未来的盈利上涨,那么将会有更高的收益率。

事实上,这正是市场所预期的。这是为什么市场会出现这样的情况,一些股票的回报率有15%(基于去年的盈利),而另外一些股票的回报率只有5%(同样也是基于去年的盈利)。对于许多去年盈利很高的公司,市场定价正反映了未来盈利预期不好,也可能反映一种担心,即盈利将可能增长得很缓慢甚至会下降。有些公司去年盈利很差,市场预期可能与其相反。相对于去年的盈利股价很高,经常反映了今后更高的盈利和更高的增长率预期。

但是事实就是这样,市场先生经常会反应过度。市场预期很差的公司经常会被减持到股价过低的水平。市场预期很高的公司股价经常被推涨得过高。所以,当我们购买那些基于去年盈利计算收益率很高的公司时,可能会买入大量市场对其下一年预期很低的公司。我们希望,因为情绪化的市场先生,这些公司被过度减持。毕竟,谁想拥有一个明年盈利预期或者后年盈利预期看上去那么差的公司呢?

所以下面是一个投资计划。与其基于公司的市值大小或者经济规模（像市值加权指数和）给它们赋予权重，不如让我们给它们看上去有多么便宜来赋予权重。对我们而言，要考虑一下能够买到的公司相对于去年盈利有多么便宜。按照股价相比销售收入、账面价值、过去几年平均盈利，或者其他因素看上去有多便宜来给这些公司加权，也是一个非常有效的方法。对此我们称之为价值加权指数（value-weighted index），即一家公司看上去越便宜，我们将持有越多。通过这种方法，可也许我们就能够创造一个指数，系统性地给一些公司赋予高的权重，这些公司市场预期很低，并且有很大可能是因为情绪化的市场先生把这些股票卖到了折价水平。但在继续深入下一步之前，让我们首先来看看能否稍微改进一下价值加权指数。

正如之前已经学到的，本杰明·格雷厄姆关注的重点是购买公司的价格要大幅低于其合理价值。通过折价购买公司股票，他的投资具有很大的安全边际。但是他最著名的学生沃伦·巴菲特更近了一步。巴菲特（他的合作伙伴查理·芒格对他的影响很大）给格雷厄姆所传授的内容增加了一个特别有力的概念，这可能是巴菲特会成为世界上最成功投资者的主要原因。简单来说，巴菲特认为，在折价水平购买一家公司很棒，在折价水平上购买一家好公司是更棒的。

所以在创造我们自己的价值加权指数之前，应该找出利用这个重要思想的方法。当然，有很多方法可以清楚地定义好公司，我们要使用的指标应该很容易计算，并将已经知道的优点汇总到指标当中。当做出投资决策的时候，只将我们的钱投到能获得最高回报的标的（更高收益率），而不是更低的，同样地，我们也想找到自身再投资也有很高回报率的公司。

在凯蒂糖果店的案例中，显然我们希望在预期20%的投资回报率的价格上购买公司，而不是10%的投资回报率。类似地，当凯蒂糖果店用自己的利润投资新商店的时候，它也会希望从投资中收到20%的年化收益率，而不是10%。那些能够通过投资部分或者全部利润获得很高投资收益率的公司，一般就会比那些再投资回报率很低的公司有更大的吸引力。

本质上，运营一家公司需要两样东西：一个是运营资本（working capital）；另一个是固定资产（fixed

asset)。所以当凯蒂糖果店决定再开一家新店的时候,新店需要足够多的钱来购买糖果存货,所以需要运营资本。固定资产包括新店的建筑成本和店面展示。我们的目标仅仅是来衡量凯蒂糖果店(或者其他公司)是如何将运营资本和固定资产转化成盈利的。

很明显,一家公司投资 5 万美元的运营资本和固定资产投资建设一个新店,每年能挣 2 万美元,听上去很不错。相当于我们所说的 40% 的资本回报率(return on capital,20 000÷50 000=40%)。很少有投资者或者企业有这么高投资回报率的投资机会。在另一方面,一家公司开一个新店,如果赚 5 000 美元的利润需要 5 万美元的初始投资,那么仅仅只有 10% 的资本回报率。从我们的角度来看,可以认为如果一家公司在新的投资中能够获得 40% 的投资回报率,那么相比新投资只能挣 10% 的公司而言,就是一家好公司。

当然,因为我们仍然在谈论未来,所以并不真的确信一家公司开一个新店或者一个新的工厂投资能够赚多少钱。但是我们能够调查公司从过去的投资中获得了多少回报。通过比较过去年份的盈利,以及企业已经投资的运营资本和固定资产总和(可以在每家公司的资产负债表中找到这些数据),我们经常能够很好地了解未来的资本回报率可能会是多少。所以再说一次,如果一家公司去年资本投资回报率是40%而另一家公司只有10%,我们就认为能赚40%的公司是更好的公司。[⊖]

现在回到价值加权指数。如果我们构建一个指数,将股票不是基于它的规模加权,而是基于它有多"便宜"和"多好"的综合指标来加权,那么这个指数会怎么样呢?与基本面指数类似,如果我们粗略地筛选800～1 000家公司(从那些市值最大的1 400家企业当中选择),那么会怎么样呢?如果我们比较了过去几十年的历史结果,相比市值加权指数如罗素1000或标普500(见表8-1),那么结果会怎样呢?我们将会做得怎么样呢?

表 8-1 价值加权指数与市值加权指数的比较

年份	价值加权指数	罗素 1000 指数	标普 500 指数
1990	(8.8)	(4.2)	(3.1)
1991	48.7	33.0	30.5
1992	19.2	8.9	7.6

[⊖] 厚脸皮地推荐:希望详细了解盈利回报率和资本回报率,请随时阅读 Joel Greenblatt 写的 *The Little Book That Still Beats the Market*。

(续)

年份	价值加权指数	罗素 1000 指数	标普 500 指数
1993	16.3	10.2	10.1
1994	4.2	0.4	1.3
1995	38.8	37.8	37.6
1996	23.4	22.4	23.0
1997	33.0	32.9	33.4
1998	9.1	27.0	28.6
1999	8.6	20.9	21.0
2000	18.7	(7.8)	(9.1)
2001	15.3	(12.4)	(11.9)
2002	(6.7)	(21.7)	(22.1)
2003	40.7	29.9	(28.7)
2004	21.5	11.4	(10.9)
2005	10.3	6.3	4.9
2006	17.5	15.5	15.8
2007	2.7	5.8	5.5
2008	(35.3)	(37.6)	(37.0)
2009	48.5	28.4	26.5
2010	(2.0)	(6.4)	(6.7)
总回报率	13.9①	7.9	7.6

① 扣除了交易成本和市场冲击之后。数据来源：CompuStat point-in-time database。测试期间价值加权指数相比罗素1000指数：β=1.0；向上获取率=116%；向下获取率=89%；夏普比率=0.61:0.27；索提诺比率=0.91:0.38；信息比率=0.85。

当然前面已经提到过，我们不必真的使用盈利回报率和资本回报率的组合指标来构建价值加权指数。有其他一些完善的便宜股票的判断指标，有完整的历史数据，可以用来替代构建价值加权指数㊀。事实上，已经有广泛多样的基金采用许多方法，综合其中一些"价值"指标，规范化、高度系统化地构建股票组合。㊁并且还有其他一些价值导向因素，多年以来我们发现它们比测试过的那些指标效果还要好。仅仅使用这个检测过的逻辑概念，盈利回报率和资本回报率结果就会很好。

对测试的免税账户，年化回报率为 13.9%，最初投资的 1 美元到结束时变成大约 14.41 美元。㊂同一时期，罗素 1000 指数的年化回报率是 7.9%，1 美元只变成 4.75 美元，这是一个很大的差距！

所以现在你学到了这些知识。但是，这就是所说的投资秘密吗？

㊀ 这些可能包括各种变量，如市盈率、股价现金流比、股价股利比、市净率、市销率或者其他衡量是否便宜的指标。
㊁ 见附件。
㊂ 即使扣除共同基金平均的管理费（每年 1.25%），回报率大约是每年 12.65%，测试期间可将免税账户的 1 美元变为 11.5 美元。

总结

1. 市场市值加权指数击败了大部分主动管理的基金经理。

2. 等权指数和基本面加权指数击败了市值加权指数。

3. 价值加权指数可以打败上述所有的指数。

4. 但这就是真正的投资秘密吗?

5. 不是的!(秘密是那个跑步的家伙差一点跑赢了我。)

······ **进阶阅读** ······

我们的价值加权指数真的是一个指数吗?或者只是一个主动管理策略?它的超额收益仅仅来自于价值效应?或者仅来自于小市值效应?

我们指数的投资组合来自于 1 400 家市值最大的公司中选出的 800～1 000 家公司。与使用市值加权、等权或者以经济规模为衡量指标给 500～1 000 家股票加权的投资组合不同,价值加权指数使用"便宜"和"质量"(未来的收益率和未来的资本回报率)作为衡量权重的指标。在这个意义上,价值加权指数和其他指数的构成方法类似。

因为市值随着股价波动自动调整，市值加权指数如标普500和罗素1000是周转率很低的组合。这类市值加权指数的年度换手率每年为6%～8%（比方说，因为市值的变化、并购和破产等特殊事件，为了保持与指数一致，每投资100美元需要交易6～8美元）。基本面加权指数，如有1 000家大型美国公司构成的RAFI指数也是一个低换手率的指数。这是因为基本面加权是根据公司经济规模的大小，如销售收入、账面价值、现金流和股利，而这些指标在一年之中很少发生变化。这类基本面加权指数换手率每年为10%～12%。等权加权指数换手率每年为16%～20%，具体取决于它们调整的频率。

另一方面，主动管理的共同基金组合平均换手率大约每年100%，甚至更高。从这个意义上讲，我们的价值加权指数看上去更像主动管理组合。如果组合根据"便宜"和"质量"两个指标的排名持续调整持有的股票，在测试期间平均换手率每年为80%～100%。（注意：交易成本和市场冲击都是模拟数据，我们所说的价值加权指数的回报是扣除了估计的交易成本和冲击成本之后的结果。）

为了多元化，价值加权指数看上去更像一个内容广泛的指数。如之前提到的，标普500中的前20只股票能够代表整个指数大约 33% 的价值。我们的价值加权指数的前 20 只股票经常仅能代表整个投资组合的 6%。尽管罗素 1000 指数包含美国市值最大的 1 000 家公司，因为指数赋予大市值公司很大的权重，指数多元化的水平和拥有 175～200 家等权股票的组合差不多。这已经非常多元化了。但是使用同样的多元化指标衡量，我们的价值加权指数和拥有 500 家以上公司的等权组合的多元化水平基本相同。从这个意义上讲，价值加权组合明显地更像一个主动管理的投资组合（有趣的是，在测试期间，我们的价值加权指数和罗素 1000 指数持股的重叠度大约只有 33%）。

当然，价值加权指数利用了众所周知的价值效应。相对于盈利、现金流、股利、账面价值和销售收入这些指标，价格显得便宜的股票在历史上能够击败诸如标普 500 和罗素 1000 等主要的市场指数，在长期来看每年战胜为 2%～3%。这种业绩优胜不太稳定，价值股可能并且经常会在某一年度业绩低迷。

无论如何，有据可查的价值效应似乎来自对标本身的缺陷。如之前讨论过的，如果我们认为市场价格经常会反映情绪而不是价值，市值加权指数将会系统性地买入太多溢价股和太少折价股。通过等权或者基本面加权组合来纠正简单随机的错误加权，业绩改善结果显示，可以获得 1%～2% 的价值优势，这主要来自于纠正了一些市值加权指数固有的缺点。显然，相比市值加权指数，我们的价值加权指数也从这种效应中受益。

小市值效应的影响有多大呢？价值加权组合业绩良好，部分原因来自于其他指数偏向于大市值股票吗？市值加权指数和基本面加权指数两者都明显倾向于大市值股票，因为一般认为随着时间的流逝，小市值股票业绩好于大市值股票。这是价值加权指数业绩较好的一个原因吗？

简而言之，回答是否。罗素1000指数由根据市值排名最大的1 000只美国股票构成。罗素2000指数包含了根据市值排名处于1 001～3 000名的股票。在过去的30年中，从罗素1000和罗素2000指数成立以来（包括我们测试这段时期），这两个指数回报几乎相同，仅有千分之几的差异。

在写本书的时候，罗素2000指数中市值最小的股票市值大约为1.5亿美元。过去30年中发现小市值效应的研究中，存在相关效应的股票市值显著小于罗素2000指数中市值最小的股票（例如，那些股票的市值明显小于排名在3 000名的股票）。因此，那些研究结论并不能应用于我们研究的范围内（市值最大的1 400只股票）。[⊖]此外，研究中的交易成

⊖ 参见 Edward F.McQuarrie, "The Chimera of Small Stock Outperformance," *Journal of Investing*, Fall 2010.

本、买卖价差、冲击成本使我们更加倾向于认为，那些早期研究中发现的小市值效应在我们研究的投资组合中并不存在。换句话说，因为这些小股票缺乏流动性和高交易成本，中小市值效应在很大程度上已经消失了。

虽然如此，投资小市值股票仍然比投资大市值股票具有很大优势。因为这些股票规模很小，机构和个人投资者都很少研究。结果，相比大市值股票，更容易被市场错误定价。这意味着他们经常被定得过低或者过高。因此，即使小市值股票作为一个整体并没有跑赢大市值股票，但对于进取的投资者而言，小市值股票可能存在更多的投资机会。

|第 9 章|

坚持长期正确的投资

THE BIG SECRET FOR THE
SMALL INVESTOR

有史以来最伟大的电影之一《骗中骗》里面有一个场景，故事发生在 20 世纪 30 年代，罗伯特·雷德福和保罗·纽曼在其中扮演两个骗子，密谋利用芝加哥黑帮老大为他们死去的朋友复仇。纽曼扮演一个经验丰富的老手，雷德福扮演一个冲动、花言巧语还在学习骗人的骗子。在这个场景中，我们看到了两个骗子从安全距离之外调查犯罪团伙的头目。我们看到了自大的雷德福，在一张报纸的遮挡之下，转向纽曼朝匪徒的方向嘲弄地说："他根本没有自己认为的那样强。"

老手纽曼，向前一步，面无表情地说："我们也是。"

当谈到投资，纽曼的经验之谈同样也可以对我们直言不讳。事实上，有一个学派的投资思想，人们称之为行为金融学，其中结论很清楚，就是我们根本没有那么强。事实与想象的恰恰相反。本书内容也涉及这个话题，结论非常简单：我们实际上都是天生糟糕的投资者。

　　生存的直觉让我们对损失的担忧超过了收获的喜悦。就像在非洲的热带草原上，我们首先会逃离危险，然后才会问发生了什么。所以当情况看上去很萧条的时候，对投资感到恐慌并不足为奇，我们只是试图生存而已！人人都有一种羊群精神，那就是待在群体中会感到更加安全。所以当其他人在买入时，买在高点，当其他人卖出时，卖在低点，这些都是十分自然的——这样我们会感觉更好一些！基于有限的信息，我们首先会用原始的直觉快速地做出决策，并且会将刚刚发生的事情看得过重。考虑到过去在野外生存而产生的缺点，我们当然会逃离那些近期业绩表现很差的基金经理，转而投入那些赢家的怀抱中。这看上去是完全正确的做法！我相信过去有很强的自我意识一定有很多好处，结果我们也都认为自己好于平均水平！这可能是我们一直高估自己挑选好股票的能力，或者去寻找高于平均水平的基金经理的原因。这种超强的自我意识也可能让我们信心更足地做出更多交易的决策。这也可能是我们一直一次又一次地犯同样投资错误的原因。我们这次就是要将这件事弄明白!

理解这些关于我们自己的事情,事实上是非常有用的。在理解人类本能的反应之后,我们就能解释最近几次出现在房地产和互联网行业的泡沫。在很大程度上,可能上一章提到的价值效应仅仅是情绪过度反应的结果,这种情绪根植在每个人心中。也许这可以帮助解释为什么有时市场先生的行为那么疯狂。但这也许也是,当我们看上去应该但实际上无法利用市场先生疯狂的原因。然而这些真的不是我们的错!毕竟,我们致力于生存,群居活动,关注最近刚刚发生的事情,并且过于自信。

那么我会建议做些什么来对付这些原始的情绪和糟糕的投资直觉呢?我的答案非常简单:什么也不做。在开始之前,让我们放弃吧。不得不承认,无论阅读了多少投资行为学的书籍,我们可能仍会继续做出同样错误的投资。假设下次狮子冲向我们的时候,让我们还是去逃命吧!

那么怎么办呢?

下面给出一个办法。事实上每一位投资者也是人，我们要利用这一点，找到一个策略来防止犯人人都会犯的错误。与此同时，让我们假设其他人将会继续做他们自己！也许我们能够找到系统性的办法，提前将双手捆在身后免于做出错误的决策。但是理想的情况下，这一方法应该也会给我们足够多的束缚来击败市场和其他所有投资者！

我们将如何做到这些事情呢？好的，目前已经有一部分解决方案了。很明显，我们应该从一个随着时间流逝能够战胜其他投资者的策略开始。前面已经学过，市值加权指数可能会战胜大部分主动管理的基金经理。当然，随着时间的流逝，等权指数基金或者基本面加权指数基金应该会做得更好一点。正如我们在上一章中看到的，价值加权指数应该会做得更好，甚至可能好很多！如果选择价值加权指数基金，我们实际上能够利用大部分人所犯的系统错误，而非在这些错误中遭受损失。

记住，价值策略有效的唯一原因是，我们系统地买入大部分人不想买入的公司。许多价值加权指数青睐的公司，下一年或者之后的年份前景看上去并不太好。整体上，情绪告诉我们要回避这些公司。在另一方面，每个人已经知道坏消息，购买这些股票一般不必付出过高的价格。事实上，人们一般会反应过度，我们会持有一个过度折价的组合！重要的事情是我们要系统性地做这件事。仅仅根据数据来购买一个多样化的组合，而非依赖情绪，这样我们就已经迈出了第一步。

但是其中存在一个很大的缺陷。虽然我们估值策略有用，并且会在很长时间起作用，但遗憾的是策略并不总是有效。在我们学过的第6章里，如果你采用与市值加权指数如标普500或者罗素1000不同的某种策略，有可能很长时期内跑输指数。即使是过去10年中业绩最好的基金经理们（过去10年中前25%的主动管理型基金的基金经理）在10年中的数年时间里也会业绩低迷。事实上，这些成功的基金经理中几乎有一半的人至少有3年时间处于最差的10%。与此类似的是，我们的价值加权指数也会有数年时间跑输主要的指数。只是在更长的时期，它才能运行得非常好。

在另一方面，我们的价值策略并不总是有效，这可能是非常幸运的。如果它每个月、每一年都有效，每个人将会购买价值加权指数,最终指数就不再有效!但这恰恰又给我们带来其他的问题。我们有一个长期有效的方法,但我们也是人。在一年或者两年业绩低迷之后,我们的直觉将会提醒我们逃跑!忘记表现不佳的业绩——在一年或两年的损失之后,无论我们是否跑赢市场,我们也会逃跑!这不是个人的问题,甚至也不是我们个人的错。这只是我们的天性!我们已经被决定这样做了!

幸运的是,方法的"B计划"只为我们人类设计(尽管其他物种也可以自由阅读)。但是在讨论这个议题之前,我们必须先退一步看一下,首先要达成的目标是什么。

整本书一直在讨论如何投资股票市场。习惯上认为,股票可以提供高回报,是大部分投资者投资组合中主要的构成部分。因为一只股票代表一家特定企业的所有权权益,拥有一个股票组合意味着我们有权拥有这些企业未来收益的一部分。如果我们能够买到随着时间流逝而增长的好企业,并且能折价买到,长期来看,这将是投资我们一部分储蓄的一个好方法;也可以用相似的方法投资部分储蓄到国际公司的股票中(那些公司在美国之外),也会非常有效(通过这种方式,我们能够拥有那些公司,公司利润可能不取决于美国经济或者货币)。

但是让我来重复一下：本书一直在讨论，如何投资于股票市场——并且仅仅是指股票市场！就是这样。对于我们选择投资在股市上的那部分资金而言，我们现在应该有一些更清楚的认识，应该怎样给公司估值，华尔街的专业人士应该怎样工作（但他们没有那样做），我们如何才能战胜主要的市场指数和其他大部分投资者。这些都非常重要，现在有一个很好的方法帮助如何投资于股票市场！但我们仍然没有一个行动计划，就是要在股票市场上投资多少。

所以下面的内容很重要。尽管过去 10 年中，由主要的市值加权指数所代表的交易活跃的市场上，投资回报较差（具备相关知识之后，我们可以买入价值加权指数作为替代，同一时期中业绩会稍微好一些）。我非常确信，对于绝大多数人来说，将他们资产的很大比例投资于股票市场仍然是非常有意义的。但是同样重要的是，很少有人应该将他全部的钱都投到股市中。无论你选择在股市上投资 80% 的储蓄，还是 40% 的储蓄，这都部分取决于个人的经济情况，部分取决于你具备多少人性的弱点。

一个将你的资产百分之百地投资在股票市场中的策略,在任何特定的年份中可能导致30%、40%甚至更多净资产的损失(当然,许多人明白这种情况在最近一些年里很难出现)。㊀因为我们大部分人仅仅是普通人,我们不能承受这种幅度的下跌而不选择逃生。这意味着既不要恐慌性出逃,也不要在错误的时间被迫卖掉股票。事实上,如果一开始的前提假设是我们不能承受一个40%的下跌,然后把我们的钱百分之百地投入股票市场,在有些不凑巧的时候,这个策略几乎一定会导致投资失败。

很明显,如果我们只将资产的50%投入股市中,那么一个40%的股市下跌,"只会"损失净资产的20%。㊁这可能也一样痛苦,如果我们保持着正确的、长期的投资理念,我们中的一部分人可能更能承受这种幅度的下跌,而不会落荒而逃。所以股票投资真的会发生这样的情况。无论你选择在股市中投资个人资产的80%还是40%,这个比例都在很大程度上取决于你能承受多大的下跌损失并且始终还能待在其中。现在我们终于为方法的

㊀ 即使不从保证金账户借款,也可能会发生这样大的损失。
㊁ 尽管这也取决于那时我们其他资产投资在什么地方!

"B计划"做好了准备!

请选择一个数字,将你的资产多大比例投资在股票市场中,你会感觉到很舒服?重要的事情是选择资产的比例投资到股票市场中,并且始终待在那里!对于大多数人来说,这个数字可能介于可投资资产的40%～80%,但是每个案例都太个性化,所以无法给出适用于每个人的建议。无论你选择多大的数字,我仍然只能保证一件事情:在有些时候,你会非常后悔做出这个决策。

作为一个普通人,当市场下跌的时候,你会后悔在股票市场中投入那么多钱。如果价值加权指数跌幅超过了市场水平,你会更加后悔!如果市场上涨了,那么相反的事情就会发生——你将会疑惑为什么一开始自己那么小心翼翼。在有些时候,如果流行的市场指数超越了价值加权策略足够长的时间,你可能会怀疑过去究竟为什么会听我的!情况就是这样的。(事实上,按照行为金融学理论,这就是你的行为方式!)

下面就是我们将要做的。和我的最佳判断相反,我们将要给你一些约束行动的绳子。一旦你选择了投资比例,比如说60%的比例投资在股票市场中,任何时候你都可以根据自己的想法在 10% 的比例以内调整风险暴露。这样，你在股票市场上的投资可以降低到 50%，或者上升到 70%，但也就是那样了。㊀当情况不利于你的时候，你不能卖掉所有的持仓；当所有的情况都顺遂你意，你也不可以不假思索地将资产百分之百地投入进去。这是不允许的！（无论何种情况，这样做将会给我们的"B 计划"带来非常严重的波动。㊁）

下面是那个大秘密：如果你真正地按照我们的计划执行，小的投资者将会比专业投资者拥有一个巨大的优势——一个可以每年增长更多的优势。当然，你将会认为，每年大量刚毕业的 MBA 前往华尔街工作，过去十几年中增值巨大的对冲基金、专业人士管理的共同基金和 ETF 基金逐渐增多，即时新闻和公司信息越来越容易获得广泛且及时地传播，在可负担成本的情况下迅速增长的处理大量企业和经济数据的能力，随着时间的流逝，这些将会使击败市场的竞争变得越来越激烈。在很多方面情况是这样的。但是在一个重要的方面，可能是最重

㊀ 请限制自己一年最多全部持仓只换手一次，或者更少。
㊁ 只是结果很难用语言表达，所以就不详细讨论了，请相信我！

要的方面，竞争事实上变得更加容易了。

真相是今天做一个专业的股票投资者真的很难。今天，技术的进步使客户很容易密切关注业绩回报，并且在许多情况下会按日监测投资的仓位。最幸运的基金经理们是那些拥有"长期投资观念"的客户，他们逐月报告投资业绩。因为大部分客户，能仅仅评估业绩的结果（而不是每一个投资决策的质量），过去的几十年中，有上百万种方法发展出来把那些业绩数据切割和整合成各种指标和统计数据。

唯一不变的事情是，评估过去的业绩数据，即使是在数年周期上，对预测未来的成功并没有什么帮助。是的，几乎所有的申购或者赎回决策都是由客户做出的（包括个人和专业投资者），都是基于基金经理在过去几年中的业绩。这可能很好理解，它强迫大部分基金经理专注于短期的业绩。正如我们之前讨论的一样，即使基金经理有一个正确的长期观念，并且愿意忍受短期的业绩低迷，大部分客户却不能忍受。在两年或者最多三年业绩低迷之后，大部分客户都会离开。同样重要的是，在两年或者三年业绩低迷之后，几乎没有机会得到新的客户。

在这种环境下，基金经理应该怎么办呢？

在20世纪80年代后期，我刚刚为我们私募投资公司签约了一个新客户。这个客户是最早一批被称为"基金中的基金"（Fund of Fund）的投资公司之一。他们由专业的投资人组成，从客户那里募集资金，但是自己并不管理资金。取而代之的是，这些"基金中的基金"的管理者根据他们的经验去选择一批"优秀的"基金经理，将钱投资给他们管理。当时我按季度提供业绩信息给客户。但按照新客户的要求，我同意按月给"基金中的基金"提供业绩结果。

不出所料，一个月之后私募基金的投资业绩上涨了1.1%。还不错，只是收到了"基金中的基金"客户的电话，他告诉我们同一时期其他类似的私募公司的投资业绩已经上涨了1.2%。因为这个原因，我们被归为"业绩不佳"？（真的，我没有在开玩笑。）我尽可能委婉地建议他们，也许他们应该在一年后再给我打电话。当然，如果我反馈说，评估业绩更有意义的周期应该是四年或者五年，那样可能会更加接近真相。当然，我非常确信一些投资的智慧符合"多生多产"的建议（但是正如伍

迪·艾伦所说的，这些词儿并不完全准确）。㊀

今天，机构投资者在股票市场中的主导地位比20年前更高。提供每日或者每月投资业绩信息的数据和分析是一项标准的操作程序。每家机构都在做这件事。有些是客户期望这样做，在大多数情况下都是按照要求必须做的。今天，任何"基金中的基金"都绝对不会仁慈地同意一年之后再打电话过来。事实上，投资受托人如养老金、捐赠基金和保险公司的受托管理者，如果他们没有持续监督并主动分析那些掌管客户资产的基金管理者的行动和业绩的话，就会被认为玩忽职守。㊁这完全可以理解。我作为受托人也经历过几个这样的岗位，我也需要这样做。

只是每天或者每月看业绩数据，每月或者每季度收到分析报告，同时还能保持长期投资的观念，这真的很难做到。大部分个人和机构投资者都做不到这一点。尽管相对于长期而言毫无意义，他们也禁不住分析自己拥

㊀ 原文为"be fruitful and multiply"，作者的意思是对业绩关注得太多，不会产生好的投资结果。——译者注

㊁ 投资受托人肩负法律责任，要关注投资客户的利益。

有的短期信息。从好的方面来讲，当市场变得更加机构化，业绩信息和统计数据变得更加易得，那些能够保持长期投资观念的投资人的优势只会越来越大。

对于那些投资于个股的人来说，忽视下一个季度或者下一年，持有那些业绩好转可能需要花费几年时间的公司，真正采用长期观念评估一家公司的投资，这些优势即使不是比过去更大了，也仍然非常大。⊖记得在我们前面的章节中，一个公司的价值来自于我们预期它在整个生命周期中产生的现金流之和。未来几年的盈利经常仅仅是这个价值中非常小的一部分。大部分专业的投资人受困于非常关心短期业绩的环境，经常被迫去关注短期的商业和经济议题，而不是长期的价值。对于能够真正保持长期投资观念的个人和机构投资者而言，这是一个好消息，他们的优势会不断增强。

大部分非专业投资者计算个股的价值很困难，但幸运的是，如果个人投资者能够遵循明智且有逻辑的策略，如我们的价值加权指数策略，那么专业投资者特别关注

⊖ 当其他人关注近期发生的事情，那么来自于着眼未来几年和关注长期价值而获得的优势，有时也称为时间套利。

短期的行为也会给他们带来一个巨大的优势。因为价值策略在短时间范围内常常并不有效，机构的压力和个人的直觉会不断地让大多数投资人难以长期持有。对于这些投资者来说，只是因为几年的时间太长了，无法等待。

这也是为什么"B计划"那么重要。坚持在股票市场中投资，对我们来说也很困难。但是作为个人投资者，我们比大机构拥有更多优势：不必回答客户的问题；不必提供每日或者每月的业绩数据；不必去担心如何在竞争中生存下去。我们只是提前建立了规则，帮长期坚持投资计划。我们必须根据自身情况选择把个人资产合适的比例投资到股票市场中，然后坚持待在里面。当市场出现大幅下跌时，我们会感到很恐慌，或者经过长时间的业绩跑输市场，我们可能会抛弃价值加权策略，但我们能做的也是唯一能做的是，在预设范围内进行调整。当情况好起来之后，我们想买入更多，没问题，但能做的就是不能买太多。因为方法的"B计划"不允许这样做。

所以，就是这些，我们有一个击败市场的策略，还有一个计划帮助坚持投资在其中。并且作为个人投资者，我们有许多优势来超越专业的投资人。现在我们所要做的就是稍微多一点信心。也许最后回顾一下本杰明·格雷厄姆的话，可以帮助我们走上正确的投资之路。

在他去世以前，有一个很短的采访，格雷厄姆给我们提供了这些充满智慧的话：

关键是要有正确的原则和坚持在其中的品质……，我一直强调自己在过去几年的工作是整体性的方法。去尝试买入根据简单的标准判断价值被低估的一组股票——无论单个产业或者公司很少被人关注……这看上去是一种实用又简单的方法，却可以用最少的工作量从普通股投资中获得很好的回报。这结果看上去太好了，都不像是真的。但这是在60年的投资经验积累之后，我所能够告诉你的东西，它看上去在我所做的任何检验中都站得住脚。[⊖]

这个访谈发生在35年前。我们仍然有机会从格雷厄姆真诚的建议中获益。

今天我希望你们所有的人有耐心获得成功，有时间去享受成功。祝你们好运。

⊖ "An Hour with Benjamin Graham", *Financial Analysts Journal*, November/December 1976.

|附 录|

**THE BIG SECRET FOR THE
SMALL INVESTOR**

这里是我建议的利用从本书中所学知识获利的最有效的方法。

首先，对于应纳税者账户，我强烈推荐买入特种的封闭共同基金，被称为ETF（Exchange-Trade Fund）。这种投资基金在股票交易所中交易，可以像普通股票那样买入和卖出。大部分ETF基金，是用来跟踪一些指数，诸如标普500、罗素1000或者其他特定的指数（可能是小股票、特定行业的指数、债券或者商品）。

ETF基金最大的优势除了低成本和容易交易（大部分情况下）之外，就是税收。一般来说，只有在卖出ETF投资时才会确认大部分资本利得税。所以持有ETF基金超过一年，那么就会有一个长期的未出售的资本增值利得，显示出税务方面的好处（在写本书的时候，长期资本利得税率显著低于短期资本利得税率）。

换句话说，如果持有特定的 ETF 基金超过两年，无论这两年中基金的股票组合短期发生多少交易，很多情况下，你只需在出售 ETF 基金时缴纳大部分收益的长期资本利得税（无论如何，持有期间收到的分红，都会在分红时缴纳特定的资本红利税）。对于非 ETF 的普通共同基金，情况并非如此。对于典型的共同基金，共同基金持有者所付的税，是基于投资组合的交易，并非推迟到赎回的时候才缴税。总而言之，对于大多数 ETF 基金，直到你卖出 ETF 基金之前，你都不用支付大部分的资本利得税。这可以获得很低的总税率，并且在整个持有期间延迟缴纳大部分的资本利得税。

ETF 基金的劣势是，大部分主动管理型的基金经理认为随着时间的推移，他们能增加价值，而不喜欢披露日常持有的股票（这是 ETF 基金的要求）。这将使他们的研究努力太容易被复制，可能会随着时间推移而逐渐消磨所获得的超额回报。共同基金仅仅要求按季度披露他们的持仓。

所以这里对投资 ETF 基金和共同基金的建议是：

等权的 ETF

Rydex S&P Equal Weight ETF（RSP）

等权的 ETF，这是一个标普 500 的等权指数。随着时间的推移，它每年会超越市场加权的标普 500 指数 1%～2%。这个指数中不包含价格和估值指标。

基本面加权 ETF 基金

PowerShare FTSE RAFI US 1000（PRF）

这是一个基于经济规模的价值加权指数（而不是市值加权）。经济规模是用五年平均的账面价值、现金流、股利和销售收入来衡量。这个指数由锐联资产设计。这个 ETF 基金，基于过去的历史数据，预期在扣除管理费用之后，每年能够超越罗素 1000 或标普 500 指数的 1%～2%。价格和估值指标没有包含在这个指数之中。

价值指数 ETF（不是"价值加权"）

这些 ETF 基金基于各种价值指标构建而来，有的来自罗素公司，有的来自温莎公司。举例来说，罗素 1000 价值指数从罗素 1000 指数股票范围中选择了一个符合价值指标的股票子集合。一般而言，价值指数中的股票相比盈利、账面价值或者其他类似指标，看上去股价更加便宜。这个价值股票的子集（大约有650只股票）通过市值进行加权。换句话说，价值指数选择的股票是罗素1000指数中"更便宜"的部分。但是价值指数不是按照个股有多便宜进行加权的，仍然通过市值进行加权。从这个意义上讲，这不是真正的价值加权指数。无论如何，这些ETF基金仍然可以利用特定简单的价值指标从长期股票投资中获得好处。它们也获得了ETF税务方面的好处。在很长时间内，每年大约超过市值加权指数合理预期收益的2%。

iShare Russell 1000 Value Index Fund（IWD），大股票

iShare Russell 2000 Value Index Fund（IWN），小股票

iShare Russell Midcap Value Index Fund（IWS）

iShare Russell Small Cap Value Index Fund（IJS）

Vanguard Value ETF（VTV）

Vanguard Mid-Cap Value Index Fund（VOE）

Vanguard Small-Cap Value ETF（VBR）

国际价值指数

iShare MSCI EAFE Value Index Fund（EFV），基于 EAFE 国际价值指数

共同基金（"价值加权"）

我们创建了一个免费的网站，valueweightedindex.com，可以帮助读者更新我在投资领域的新观点。另外，除了价值加权的共同基金（记住，这些共同基金没有 ETF 基金的税务优势，当然对于免税账户就不存在这个问题），网站也包含等权和基于股票价值构建的 ETF 基金。

| 致 谢 |

**THE BIG SECRET FOR THE
SMALL INVESTOR**

致 谢

感激很多朋友、同事和家人对本书的贡献。他们，也仅仅是他们对书中的错误和遗漏负责。特别感谢 Robert Goldstein(过去 21 年中，哥谭资本非常有天赋的合伙人)，Richard Greenblatt(过去 50 年中，我非常有天赋的兄弟)，哥谭资产管理公司的 K. Blake Darcy，Punchard 资本的 Norbert Lou，Caburn 资本的 Edward Ramsden，Kirkwood 资本的 David Rabinowitz，哥谭资本的 Adam Barth、Patrick Ede、David Pecora、YuryKholondyrev 和 KerraMarmelstein，Saddle Rock 合伙公司的 Linda Greenblatt，Columbus Hill 资产管理公司的 John Petry，SAC 资产的 Bryan Binder，Group Gordon 公司的 Bruce Newberg、Drs.Gary、Sharon Curhan、Michael Gordon，

Allan 和 Mickey Greenblatt（我的优秀的合伙人），Dr. George 和 Cecile Teebor（我的岳父岳母），Robert Kushel（我在摩根士丹利公司的经纪人），Springhouse 资本的 Brian Gaines，Pzena 投资公司的 Rich Pzena，哥谭资本公司的 Windi Lowell、Bernie Seibert 和 Andrew Tobias。

感谢 Random House 出版社的编辑 Roger Scholl，感谢他的鼓励、远见和耐心！感谢我的写作助理 Sandra Dijkstra 对本书的支持。

特别感谢不断给我惊喜的孩子们，Matthew、Rebecca、Melissa、Jonathan 和 Jordan，你们是我的动力，也感谢我美丽的妻子朱莉，谢谢她对本书有益的建议，在生命中给她爱人的支持，以及一起度过的每一个珍贵的日子。